会社を離れても仕事が途切れない7つのツボ

伊藤賀一

青春新書
INTELLIGENCE

はじめに……「わらしべ長者」のすすめ

「会社を離れても、食べていけるだろうか」

「最初は良くても、すぐ仕事がなくなったりしないかな」

「相手が組織だとやっぱり立場が弱い、いろいろ不安……」

そういう声をたくさん耳にします。相談もされます。


でも、大丈夫です。

仕事が予想外の展開を見せてつながってくる。そういうやり方があるのです。


僕は腕時計を14分、進めています。

ヤクルトレディを見かけたら、必ず買います。

仕事の相手によって、靴の高さで身長を変えます。

なぜか？

フリーランスだからです。自分で仕事を取ってこなければいけないからです。

「……時計と仕事と……そこまで関係ある？」

と思われたかもしれませんが、大ありなのです。

「フリーランス」というと、どんなイメージがあるでしょう？

組織のルールやしがらみ、競争に縛られず、マイペースで自由にやれて……という感じだとしたら、ちょっと待って頂きたい。もちろん自由な面もありますが、組織の後ろ盾のない「完全フリーランス」とは、そんな甘いものじゃありません。

「じゃ、どういうイメージ？」

と言う声が聞こえてきそうです。

僕のイメージは、

「海の真ん中で、穴あき屋根なしの1人用ボートを漕いでいる状態」

「冬山の断崖絶壁に1人で張り付いている状態。知り合いのフリーランスはいるが、その人も別の山に張り付いていて、お互いに助けることはできない」

です。

「……それはちょっと極端じゃないか、もっと穏やかにやれてる人たくさんいるよ」とおっしゃる方もいるかもしれませんが、僕がお話ししたいのは、
そういうシビアな現実がある中でも、特別な資格やスキル、資金、人脈がなくても、あたかも「わらしべ長者」のように仕事が途切れないようになっていく「やり方」がある
ということです。
「時計やヤクルトレディ、靴の高さ」は、その一環です。

そのためには何が必要か。この本に、僕がこれまでの「完全フリーランス」で得た知

見を全て、ギュッと盛り込みました。

例えば、デキる人も案外、意に介していない「やってはいけないこと」があります。

- SNSを1つもやっていない、あるいは「アカウントがあるだけ」
- 「確固たるビジョン」「しっかりした目標」を掲げる
- 「仕事、ありませんか？」と連絡する

など。くわしくは本文でお話しします。

反対に、「ぜひ、今すぐおすすめしたいこと」として、

- 依頼元の会社を訪れた時、「最低3回あるチャンス」を生かす
- 初回の打ち合わせで、必ず「次の仕事」の話をする
- 会社にいるうちに相談・アピールする相手の選び方
- 影響力のある人に近づくための「キッカケの作り方」
- ギャラについてなど、あえて苦言を呈する時の「締め文句」

・**競合について聞き出せるツボの突き方**
・**プロに紹介しても恥ずかしくないお店で、「2度目で常連になる」コツ**

など。どれも、特別な資格やスキル、お金、人脈は要りません。

僕は、30歳で会社を離れてから今まで18年、組織的な後ろ盾のない「完全フリーランス」として、数えきれないくらい、サバイバル力を試される場面を経験してきました。

不景気下の日本で、荒海に揉まれる発泡スチロールのように沈まず、泣き笑いしながら漂ってきました。

多くの方のおかげで、今もいろんな仕事のご依頼を頂いています。

この本では、たくましく生きていくために、「会社を離れても仕事が途切れない方法」を、7章に分けて、全力で提案します。

本書の内容が、少しでも皆さんのお役に立てればと思っています。

伊藤賀一

目次

2章 《第2のツボ》「確固たるビジョン」はすぐ崩れる！——目標設定と準備のポイント

5章 《第5のツボ》仕事が途切れない人の「お金とプロ意識」の法則

6章　《第6のツボ》次につなげるためのスキルアップ術

7章　《第7のツボ》会社にいた時とは大きく違う！最強のトラブル管理術

本文DTP　佐藤 純（アスラン編集スタジオ）

1章《第1のツボ》

会社を離れても仕事を取ってこれる人
——その心構えとは?

❶「誰からの評価が必要か」を把握する

これは、仕事が途切れないための最も大事な視点です。

「客が喜ぶなら何でもする」「迷ったらお客のためになるほうで」は、仕事人の基本です。

では、ここでいう「客」とは誰でしょうか?

2種類あります。

1つは、僕の仕事でいえば読者・生徒という本来の客。

2つめは、仕事を発注・紹介してくれるクライアントや同業者です。どちらが大事なのでしょう?

フリーランスや副業の場合、答えはクライアント・同業者です。仕事を受けられなければ、本来の客に出会うこともできません。

そして、クライアント・同業者は例外なくプロです。

すなわち、**私たちはプロから評価されなければならない**のです。

❖「プロから認められる」とはどういうことか

僕が仕事をご一緒した中で、これを最も理解している人が、アイドルグループSKE**48の須田亜香里さん**です。

彼女は、本来の客であるファンにも「神対応」と絶賛される人で、第10回AKB48世界選抜総選挙（2018年）で2位を獲得しているほどの人気者です。

2019年、中京テレビのドラマ『武将がスーツに着替えたら』の解説パートを、彼女と吉本興業の房野史典さん、僕の3人で担当した後、プロデューサーに聞いた話があります。

須田さんは、いつも自身の楽屋に、お世話になったスタッフさんたちへ、と直筆の手紙を置いて帰るとのことです。仕事終わりで疲れ、手間もかかるはずなのに……。これは、次もまた仕事を依頼したくなりますね。

僕と同い年のIプロデューサーは、暗に「先生も今後メディアに出ていくなら、彼女から学ぶことは多いですよ」と知らせてくれました。感謝するとともに、須田さんのすごさを現場で2つ痛感していたので、大いに納得しました。


1つは顔合わせ時。僕は勘違いして、同じSKEの違う人の話をしてしまったのです。「横浜のあの施設で、僕も同じ日に偶然仕事があって、須田さんもいらっしゃるな、と思ったんですよ」……最悪……。

彼女は「仕事先は全部覚えてるはず……?」と首をかしげつつ、スタッフ・出演者たちが見ている前で「それ○○ちゃんの話ですよ」等と否定せず、初対面の僕に恥をかかせなかった。おそらく、僕が場を和ませようと共通の話題を探して話してるんだな、と感じてくれたのです。

後日、おかしいな、と検索して違いに気づき、赤面するとともに申し訳ない思いで一杯になりました。

もう1つは、撮影後、須田さんに著書をさしあげたところ、

「一緒にお写真撮ってもらっていいですか?」

と言ってくれたので、2人でパシャ。さらに、

「ありがとうございます!　この写真UPしていいですか?」

って、そんなの僕が得するだけじゃないですか。そんなつもりで本を渡したわけじゃなくても、とてもうれしかったです。


そしてTwitterは、年上の僕が気を遣わなくてもいいように、彼女のほうが圧倒的に有名人なのに、向こうからフォローしてくれたので、慌ててフォローバックしました。

おそらく誰に対してもこうなのではと思えるほど自然だったのです。


「僕はこんなふうに仕事できてるだろうか」といたく反省しました。

クライアントと同業者に認められるとは、こういうことです。

❷ 副業よりも「複業＝複数の本業」を！

フリーランスとなるにせよ、副業を始めるにせよ、片手間でお金を稼ぎ続けることはできません。

フリーには「メイン」の仕事以外にも、**「こんなのはできますか？」**と、**想像の斜め上や斜め下の依頼が来ます。**できそうなら、経験値や今後のことも考えて受けるべきですが、それを**「サブの仕事」だと思って取りかかると、結果的に皆が不幸になります。**

僕は、大学の史学科在学中に社会科の塾講師を、卒業後は日本史科の予備校講師をやってきたことから、日本史を軸とした**「ピボットワーカー」**となりました。

バスケットボールのピボット（回転軸）は、ボールを持ったまま固定した片足を軸に、他方の足を動かして回り、次の動作を探ります。

僕は、日本史の授業・講演や、一般書・学習参考書執筆を中心（ピボット）として活動してきました。

しかし、結婚した35歳ごろから活動範囲を広げました。責任が1人分増えて仕事の幅を広げたかったこともありますが、こうしたほうが日本史の授業・講演や執筆が上手くなるだろうな、と思ったことが大きいです。

予備校講師は、普通は1科目しか担当しないものですが、同じ地歴科の世界史も出講した高校で教え始め、秀英予備校山梨校の夏期講習では、話の分かるH校舎長に頼み、公民科の政治経済も担当させてもらいました。

全力で準備したこともあり、幸い好評だったことから、冬期講習では現代社会と倫理も担当。手ごたえをつかんだ翌年には、本格的に取りかかるべく、他予備校（北九州予備校東京校）の採用試験を、あえて公民科で受験し採用されました。

面接してくれた本部長のKさんに、

「あんた、なんで本職の日本史で受けよらんの？　ウチを舐《な》めとらせんか？」

と九州弁で凄まれ、堂々と、

「いまゲソつけさせてもろとる（＝草鞋《わらじ》脱がせてもらってる）秀英さんとの利益相反を避けるためと、貴校は医学部受験の生徒が多く、公民のほうが役に立てると思うたからです。ようこれだけ優秀な生徒集めはりましたね」

と、関西弁で答えました。

ニヤリと笑ったKさん。

「あんた、筋をようわきまえとるのう。気に入った。伊藤先生、ウチの大事な子ぉら、よろしくお願いします」

と頭を下げられ、採用決定。惚れ惚れするような方でした。今でも感謝しています。

❖仕事相手には「副業」はない

さて、地歴科と公民科を合わせた社会科6科目の中で、残るは地理です。

これは学生時代に大手進学塾で小学生を担当していましたから、経験の浅い中学生対象からやり直すことにしました。

これで全科目で教壇に立てることになり「社会科のオールラウンダー」になりましたが、**「メイン」の日本史以外の生徒や勤務先にとって、僕の授業は「サブ」ではありません。**


39歳になる2011年、一般教養試験を含む司法試験予備試験がスタートしました。各司法試験予備校は「人文・社会科学のオールラウンダー」を探していました。旧知の弁護士である原孝至先生を通じて辰已法律研究所に誘って頂き、人材発掘力に定評のある後藤守男所長の英断もあり、資格試験業界でも教壇に立てることになりました。

これも、生徒さんや辰已研究所にとって、僕の講義は「サブ」ではありません。


さらに、CS放送（現在のDHCテレビ）のレギュラーや、調布FMのラジオパーソナリティー、プロレスのリングアナウンサーなど、どんどん仕事は広がっていきました。

これらの仕事も、視聴者や観客、クライアントは、「伊藤さんにとって、この仕事はサブだから」とは思っていません。

プロデューサーやディレクター、レスラー、レフェリーなど仕事仲間も「副業」気分でやるなら帰れ、と思うことでしょう。

ましてやお客さんは、貴重な時間とお金を使っている。

ですから、**相手から見ればあらゆる仕事は「本業」に決まっているの**です。

この感覚がなければ、クライアント・仕事仲間やお客から信用されることはありませんし、本人の成長もありません。いつまでたっても片手間意識では、全員が不幸になります。

僕が「副業」という言葉を使わず「複業」家を自称しているのは、これが理由です。

複数の「本業」を同時並行で手がける、ポートフォリオ・ワーカーでありたいですね。

❸ いつも心にハンマーを！

僕はいつも心の中にハンマー（トンカチ）を持っています。

あらゆる部分でビジネスチャンスを探っていると、何もかもがクギに見えるので、とりあえずぶっ叩く。

こういう意識でなければ、仕事はなかなか回ってきません、という意味です。

「プロ」という言葉の定義はいくつもありますが、「ずっと仕事のことを考えている人」と「限られた枠内で結果を出し続ける人」も当てはまるでしょう。

私たちは、自分と同じプロから仕事を取らなければならないのです。

歴史を教える立場から言えば、どんな偉人でも、無名の人でも、人生は平等に一度きり。どうせなら働けるうちは働きましょう。休むために生まれてきたわけじゃあるまいし、人生を目いっぱい使い切る姿勢は大事です。

そして、こういう人にこそ、プロは仕事を依頼したくなるものです。

「今日たまたま名刺持ってないので」

と言う人がいますが、それは戦場を全裸で歩いているほどの無防備。いったい何をしているのでしょう？

僕は、名刺どころか自著を何冊か、必ずカバンに入れています。

「今日たまたま著書持ってたので」

と、いつでも誰かに渡すことができる。

この差は大きいです。

❖ヤクルトレディを見つけたら

例えば、**路上でヤクルトレディを見つけたら、必ず買います。**

僕はそれなりに露出しているので、どういう会話になり、どこに話がつながるかわかりません。

「親戚の子が授業見てます」

「あれ、こないだ新聞に載ってませんでした？」

と言われることもあります。

「お疲れですね」

「ええ、ここんとこ毎日〆切に追われて……」

「〆切？　編集か何かのお仕事？」

「いや、自分が著者なんで」

「え？　本当に？　どんなの書かれてるんですか？」

「たまたま出版社の帰りで、重版分もらってきたので、よかったらどうぞ」

という展開になることもあるのです。

タクシーに乗る時も、家に宅配便が来た時も、何かの業者さんに修理を頼んだ時も、そこら中に自分を売り込むチャンスは転がっています。

僕は、長距離時は決まった個人タクシーに乗るのですが、運転手Kさんの2人の子は、スタディサプリの生徒になり、拙著の読者です。

ある日、リクルート社の人たちと外での打ち合わせの帰りに、僕がKさんのタクシーを呼びました。

「賀一先生、決まったタクシーあるんですか?」（これで＋《プラス》1ポイント）。

さらに乗り込む時、トランクに荷物を積んでもらいながら「この運転手さん、スタサプの生徒さんのお父さんなんですよ、営業しました」と紹介します。「え〜！」（これで＋1ポイント）。いくらでも「ポイント」は転がっています。

「いやらしい！」と思いますか？　思う人はフリーランスに向いていません。

常に戦闘態勢。これが「会社を離れても仕事が途切れない人」の基本です。

④「セカンドネーム」のすすめ

フリーランス活動や副業をスタートすると、企業名でなく「本人の名」で勝負することになります。

この身一つで、命の次に大事なお金が飛び交う資本主義の戦場に出るわけですから、取引先やお客の声はダイレクトに届いてしまう。精神的に打たれ弱い人は、余計なパワーを日々のメンタル維持に使うことになり、これが本当に無駄です。

今すぐ使える解決法を2つ提示しましょう。

1つめは、**セカンドネームを持つ**こと。

30冊目の著書・監修書にして初めて書きますが、僕の本名は伊藤賀一（いとう・がいち）ではなく、伊藤賀一（いとう・よしかず）です。ありふれた苗字なので、名前の読みくらいインパクトが欲しかった、というのもありますが、読みを変えた最大の理由は**「打たれ強くなるため」**です。

後ろ盾がないからこそ、誰かに不当な批判をされたり、ぞんざいな扱いをされたりすることは、すごく多い。そんな時、「〝がいち〟がダメージ食らっただけ」と思えることは大きい。

いわば、〝がいち〟という戦闘用ロボットに乗り、機体が被弾・破損しただけ、と考える。「しんどい」「ボロボロだ」と思っても、それはロボットの話。燃料補給して破損部分をメンテナンスすればいい。

僕の本体はどうってことないのです。

2つめは、**悪口も「声援」と感じる**こと。

正当な批判や非難は、悔しくても真摯に受け止めて次の仕事に活かすのがプロの仕事人です。しかし、実世界やネット上のデマを含む不当な評価は、ゼロにすることはできず、どうしても耳や目に入ってきます。

悪口は、第1段階ではどうしても「気になる」。よほど慣れていない限り、背筋が凍るような気持ちになります。

特に、人に嫌われ慣れていない、明るい人ほど凹みます。言う側は「反応してくれる」ことが快感なのに、つい反発してしまい、欲しがりさん達を喜ばせてしまいます。

これに慣れた第2段階では「気にならない」に至ります。空気みたいに、聞こえない・見えない状態になる。スルーする技術が身に付いたのです。

そして、3つめの最終段階では**「声援に聞こえる」**ようになります。

一流のフィギュアスケート選手や競馬騎手を想定してください。スタンドからの「がんばれ！」と「コケろ！」、「行け！」と「行くな！」が混じり合う大歓声。さて、浴びせられた本人たちは聞き分けられるでしょうか？

無理ですよね。

「皆さん、応援ありがとうございました！」と、勝利後に表彰台から手を振り、言ってあげましょう。

❺「のんびりマイペースで」は甘い？

「のんびりマイペース」は、会社員の副業ならＯＫだと思いますが、**会社を離れたフリーランスなら甘い**です。

フリーは、海の真ん中で「穴あき屋根なしの１人用ボートを漕いでいる」ようなものです。底から水が噴き出し雨に打たれ、さらに荒波に揉《も》まれるので、必死で穴を塞ぎ水を掻き出しながら漕がなきゃ沈みます。

もし３人で共同事務所を借りた場合は？

それは、３人が近くでそれぞれに穴あきボートを漕いでるだけの話……。

理想はプールのビートバンです。小さな発泡スチロールの板ですが、絶対に沈まない。

1人用ボートとかビートバンとか、こんな話を聞くと「それじゃ、いざという時、誰も助けてあげられないじゃないか！」と思われるかもしれませんが、呑気なのもいい加減にしてほしいです。

「誰かを助ける」余裕なんてあるわけがありません。「自分がどう生き延びるか」に、まずは集中してください。

❖冬山の断崖絶壁

僕にはフリーの知人も多いですが、イメージしているのは、それぞれが冬山の断崖絶壁に張り付いている姿です。

登る山は皆、違うので、互いを助けることはできません。だから、たまに声をかけ合う。「おーい、大丈夫ー？」「おーい、頑張れー！」という感じです。

力及ばず滑落していく人を何人も見ました。滑落しても麓《ふもと》で生き残っていれば、違う山を勧め、紹介してあげることはできます。

それが限界です。

「限界」をご理解頂く参考として、物書きと講師を仕事にしている、僕の例を紹介しましょう。

本を書きたがっている人に編集者や出版社を紹介しても、企画が通ることはまれです。そもそも、編集者自らが立案し、著者を探し依頼するような気合満点の企画でも、昨今は、なかなか通りません。出版社・編集者にとっては、「未来の著者候補」が1人増えただけで、そういう候補は、テーマごとにネットを探ればいくらでも出てくるからです。

また、講師枠が空いていることを確認したうえで講師の出講先を紹介しても、落ち目の人は買い叩かれます。というか、買い叩かれたように感じてしまう。当然ですが、紹介者よりギャラが安いからです。

書籍の企画が通らず、講師としても買い叩かれる。これが続くと、紹介者と当事者の関係はギクシャクしてきます。これでは互いに不幸になるだけ……。

1人で穴あき屋根なしのボートを漕ぎ、冬山の断崖絶壁を登る覚悟はできていますでしょうか？「のんびりマイペース」は、大成功してから考えることなのです。

⑥「フリー」や「副業」を家族にどう宣言する？

これは**「邪魔されたくないが、ギスギスしたくもない」**が本音ですよね。

特に会社を辞めてフリーになるとは、なかなか言い出せない。副業にしても、本業で特別な実績を上げていない人は、家族に悲観的な見方をされるのが普通です。

持つべき意識としては、新企画のプレゼンととらえて頂ければと思います。

企画の意図、競合相手、成功事例、売り上げの見込み、必要コスト、リスク、リスクヘッジなどを盛り込んだ**企画書を実際に作り、ご家族に見せてください。**銀行に融資をお願いする場合に、今後の事業計画書を作成するのと同じで、当たり前の作業です。

その上で、**扶養家族（パートナーや子ども）に真剣に伝えて「本気で反対」されたら、賛**

成が得られるまではやめておきましょう。

なぜか。

一つ屋根の下、身近で長年見てきた人たちの目は、本人が思うより正確です。フリーや副業というスタイルが、もしくは選んだ業種が「現在のあなたには向いていない」ということです。

正確に理由を聞いてみてください。

「子どもが○○歳になるまで待って」「景気が良くなるまで待って」なら問題はタイミングだけ。

「その性格ではフリーは絶対無理」「副業に手を出すと本業がおろそかになる」なら、性格改造と生活態度の改善が必要です。

「これまでも色々目をつむってきたが今回はもう我慢ならない」なら、過去に何かをやらかしてきており、ヤブヘビだったということで、それは自業自得……。

扶養家族からすれば、本人たちの生死がかかっていますから、真剣に賛否を検討してくれるはずです。

もし、こちらが真剣に提案しているのに茶化してくるようなご家族なら、「やっちゃうぞ」でいいのでは？

「勝手にやっちゃうぞ」と宣言するのです。貴重な宣言ができて羨ましいです……。

ただし、これが**自分の親なら、どうしても相談しなくてはいけないわけではないと思います。**

通常、親のほうが先に亡くなりますし、子は親に対して、自身の「会社を離れた後の生き方」について責任を負う必要はありません。子にとっての親不孝は、犯罪者になることと親より先に死ぬことの２つだけ、と割り切ってください。

もちろんパートナーの親なら、借金や、過去にバレた浮気や本気等の負い目がない限り完全な他人ですから、ご自由に。

パートナー本人の年収が自分より高い場合（＝扶養家族ではない場合）も、特に気にしなくていいと思います。少なくとも決定的な迷惑はかけないし、相手のほうが経済力を持っているわけですから「世間体」以外に大した影響はないのではないでしょうか。「世の中が分かってない」「遊びじゃない」等と言われようが、人生は一度きり。遠慮することはありません。

さて、反対された人は、扶養家族の賛成が得られるように、計画を練り直すなり性格や生活態度を変えるなりして、時間をおいて再度プレゼンしてみてください。**自分の家族にすら売り込めない人が、企業の後ろ盾もなく、赤の他人から仕事を取れるとは思えません。**厳しいようですが、フリーランスも副業も無理でしょう。

さあ、正念場です！

❼「イケメンや美人の看板下で待ち合わせる残念さ」とは？

これは「身の程をわきまえる」という意味に加えて、「不得手な部分で勝負せず、得意なところをきちんと見せる」という意味でもあります。

僕が実際に見た光景です。

某ターミナル駅。泣く子も黙る福山雅治の看板の下で待ち合わせ中のロングコートのサラリーマン。

某繁華街。橋本環奈・浜辺美波という国宝級美少女コンビのＣＭが流れる大ビジョンの下で、スマホを見ているお洒落なキャリアウーマンたち。

……なぜ？　もったいなさすぎる！

違う場所に立っていれば、それなりに人目を惹くルックスなのに……。笑いごとではありません。

同じようなことをしてしまいがちなのが、フリーランスです。

業界内での「現状の位置」をわきまえ、仕事における「自分の売りは何か」を把握して、「管轄外の部分には口出しせず対抗もしない」のが鉄則なのに……。

有名なフリーランス仲間に紹介されたからと、同じ待遇を期待したり、仕事が決まったのにその人に連絡しなかったり。

最悪なことに、紹介者の悪口を言う人もいます。

他にも、本のカバーデザインの変更を迫る著者、関西弁のインタビュー記事の語尾を勝手に標準語に変えるライター、映像の編集に口出しする出演者、スタッフの配置を指示する搬入者、生徒の親の人生観をディスる講師など……「何様のつもり」「大きなお世話」なのです。

また、現場以外でも、仕事を欲しがって音痴なのにカラオケについて行く、どの指を使うのかも知らないのにボウリングについて行く、江戸前寿司で「とろサーモンありますか?」……。

わざわざ「できない自分」を見せてどうする、と思いますよね。それらのすべてを、依頼者や仕事仲間は、冷静にチェックしています。

❖「相手を立てる」とは

先日、イケメン俳優の**崎山つばさ**さんと、ある媒体で日本史関係の対談をする機会がありました。

初対面ですが、我々は業界違いのプロ同士。対談前に写真撮影があり、17歳年上のオジサンとしては罰ゲームの気分でしたが、撮られる瞬間にニカっと笑い、あえて道化を演じました。

彼は、僕の日本史の知識や年配という部分に敬意を払ってくれ、聞く部分は聞く、しかし自分の主張もはっきり入れる、というアサーティブ（assertive）コミュニケーションが自然に備わっている人でした。

ああ、この人は決してルックスだけじゃない、長く売れる人だなと思ったので、僕はそれを素直に伝えたところ、喜んでくれました。互いを尊重し合う非常に良い時間でした。

写真では彼が主役、日本史対談では僕の話す量が多くてもいい。

ただ、知名度は先方が上です。最終的に彼を立てるのは当然のことです。

フリーランスは自分自身が商品です。商品としての強みと弱みを把握した上で、各所に売り込まなければならない。

その際、**依頼者や仕事仲間を尊重し、間違った土俵・リングに立たない。他人の土俵に上がりこまない。**これが、仕事を途切れさせない大きな秘訣です。

⑧「リスク、デンジャー、ポイズン」の法則

本当の「現場」はどこかを知ったうえで、リスクを取ってそこに行くことが、フリーランスに仕事を依頼する人が、最低限、期待していることです。

いきなりこう言われても、分かりにくいかもしれません。僕の例で説明します。

僕は現在、リクルート社が運営するオンライン教育「**スタディサプリ**」で、高校日本史・倫理・政治経済・現代社会と中学地理・歴史・公民の計7科目を担当しています。

スタサプは、2020年6月時点で有料会員数が140万人を超える巨大な教育プラットフォームです。僕は利益相反を考慮して、浪人生・高校生・中学生向けに関しては、競合他社に一切出講していません。

映像はもちろん、生授業（実際に教室で生徒と対面して行う授業）も、大人向けのカルチャ

ースクールやシニア施設、司法試験予備校のみに絞っています。

このことで「伊藤は現場を知らない」と批判されたこともありますが、これは大きな見当違いです。僕は「映像授業の現場」にいるのです。

それでも「生授業の教室こそ現場だ」という意見が大半でした。

それを言うなら「本当の現場は本番の試験会場だろう」と思った僕は、リスクは承知の上で、43歳の時、高校時代に落ちた早稲田大学の教育学部を、受験生と同じように一般受験して合格・入学しました。

受験生にとって、一番の現場、最前線は「本番の試験会場」です。僕は「教える立場でありながらも、18歳の頃のではなく『現在の現場、最前線』を身をもって知っている者」になろうと思ったのです。

そして毎年、試験当日の朝に正門付近の大隈講堂前に1人で立ち、現役の早大生として受験生を激励しています。伊藤賀一が「合格飴《あめ》」を配り、握手することは、今や早大受験名物の1つです。以後、誰からも「現場を知らない」等とは言われなくなりました。

❖後ろ盾のない個人が輝く条件

さて、僕がお伝えしたいのは、これは僕がフリーだからできることだ、ということです。正社員や専任講師では、仕事を辞めない限り、今さらリスクを冒して大学受験をし、朝から毎日通うことなどできません。

この活動を見て、出版社SBクリエイティブの坂口惣一さんが「若者の現場を『受験生』という当事者としても知る立場から新書を書いてみませんか」と声をかけてくれました。それが『ニュースの〝なぜ?〟は日本史に学べ』(2018年、SB新書)です。「(受験生向けに限らない)一般読者向けの新書を出版する」という経験は大きな学びになりましたし、著者としても目立ちましたから、現在も複数の出版社から書籍の執筆依頼を頂いています。

組織には、「リスキーな最前線」には人やお金を出しにくい場合も往々にしてあります。

最前線を知る人が組織にいない場合も多くあります。そういうときに「リスクを取ってくれるフリーランス」という〝傭兵《ようへい》〟に価値が生まれるのです。

「現場の最前線を担う」からこそ、仕事を依頼する側（多くは組織の人です）から見れば、何の後ろ盾もない〝傭兵〟の価値があるのです。

フリーランスには、「リスクを取り、デンジャーを避け、ポイズンから距離を取る」という鉄則があると僕は思っています。

依頼者は、損をする覚悟があり（＝リスクを取る度胸があり）、継続的に仕事を頼める人間を必要としています。仕事が途中で頓挫する危険（デンジャー）は避けたいのです。もちろん、薬物など犯罪の匂い（ポイズン）からは距離を取りたい。

そのニーズを把握し、一つひとつの仕事で実績を上げていくことで、何の威光もなかった個人の名が、ようやく輝いてくるのです。

会社員時代のように「依頼する側」ではなく「依頼される側」だという意識を持ち、ぜひ最前線の現場に立ってください。

❾ その仕事と〝心中する覚悟〟は？

社会科の講師をしていると、

「今後、どんな仕事ならＡＩが進化しても無くならないでしょう？」

「どの業界がオイシイですか？」

と、よく聞かれます。

聞き手が、これから社会に出る生徒・学生なら分かりますが、さすがに大人に聞かれると、それは違うだろう、と苦笑してしまいます……。

仮に斜陽産業だろうが、沈む船の上で楽しく踊るだけ。本人が「ビートバン」なら自分は沈まないはずだし、注目を独り占めできるのでは？

僕はそう自分を鼓舞しています。

「どういう仕事が有利か」より大事なのは、**「これ、と決めた仕事と心中する覚悟があるか」**ではないでしょうか。

業界なんて何でもいい。「食えない」と言われている業界は「厳しい業界」なだけで「ダメな業界」ではありません。

ダメな人が見逃してもらえず、見事に食えないだけです。

❖本当のプロ意識とは

「厳しい業界」の代表である小説の世界の、すごい人を紹介しましょう。

TV出演を通じて知り合った人気作家の**伊東潤先生**は、

「エンタメ作家にとって最も大切なことは、自分に対する関心をなくすことだな」

と、徹底的な客目線です。そして、

「歴史小説のジレンマは、現代の価値観で書かないと大半の読者が共感してくれないこと。それを当時の価値観で書きつつも、読者の共感を失わせないのが、プロの仕事だと思う」

と言い切る強烈なプロ意識をお持ちです。

ファーストタッチとなる題名へのこだわりも人一倍で、直木賞候補作が『城を噛ませた男』『国を蹴った男』『巨鯨の海』『王になろうとした男』『天下人の茶』の5作。

個人的には、平安末期が舞台の『悪左府の女』が贔屓《ひいき》です。史学科卒の日本史講師の立場からすれば、史料が少ない時代を扱った作品で読者に臨場感を味わってもらうのは本当に難しいのです。


伊東先生は、僕が担当する高校生の話をしていた時、

「『巨鯨の海』は直木賞を取れなかったけど、第1回高校生直木賞と山田風太郎賞を取れたんだよね。あまりにうれしくて夜中の3時から素振り500回やったのを覚えてる」

とおっしゃいました。

若い読者にも届いていることへの素直な感謝と、エンタメの最高峰に対する敬意。野球もお好きで体力もある。人気作家ってすごいなと、こちらはすっかり一読者の気分で感心しきりでした。

先生のTwitter上のつぶやきに、本稿のテーマにピッタリのものを見つけたので転載させて頂きます。

作家やミュージシャンは、その知名度の割に経済的成功を収めている人は少ない（自分も）。それでも何を言ってでもやっても、「CDや本を売りたいから」と経済的側面から揶揄されることが多い。実際には、「作品（創造物）を一人でも多くの人に楽しんでもらいたい」という一念しかない。

（2020年9月8日）

一見、華やかに見える職業でも、他人が思うほど稼いではいないのが一般的な現実です（僕も含めてです）。フリーランスで好きな道を選んだのなら、突き進むしかない。

僕も、これを書きながら初心に帰らせて頂きました。がんばりたいですね。

⑩ 言葉よりも「する（Do）」がすべて

長くなりましたが、これが心構え・スタンスの最終ページです。

言葉をいくら並べて気合を表明しても、最終的に大切なのは、**「するか、しないか」**です。

この言葉は、スタディサプリ教育ＡＩ研究所所長・東京学芸大学大学院准教授の小宮山利恵子さんの著書『レア力《りょく》で生きる』（２０１９年、ＫＡＤＯＫＡＷＡ）からの引用です。「学び続ける人生に失敗はありません」と言い切るたくましい彼女とは、Twitterを通じて知り合いました。

本人は嫌がるかもしれませんが（たぶん大丈夫）、思考の共通点があまりに多く、もはや他人だと思えないくらいです。

「レアな経験を武器にする」
「コンフォートゾーン（心地よい空間）から脱して自分の可能性を知る」
「ネガティブな経験も含めて自分と考え、さらけ出す」
「日常のすべてを学びに変える」
「アウトプットするまでが学び」

また、47都道府県すべてを訪れたり、訪れた地域の地元新聞を必ず買って読んだり、地元の情報を得るために必ずタクシーに乗り運転手さんと話したり、地元の銭湯に入ったりと、行動パターンまで僕とそっくりです。

本稿のテーマに最も合う言葉を引用します。

好きなこととやりたいことで需要を開拓するためには、とにもかくにも発信すること。これが鉄則です。

『レアカで生きる』

プロならば、どんなに良い取り組みでも、それが「客」（消費者・依頼者・同業者）に知られなければ、なかったことと同じです。僕と小宮山さんが知り合ったのも、すぐに意気投合したのも、互いに自分の活動をアウトプットしまくっていたからです。

このようなセレンディピティ（偶然の素敵な縁）は、互いのパワーが生み出した必然でもあるのです。

❖最高の無茶

次に、僕の大好きな言葉**「今できる最高の無茶をする」**を紹介します。

これは、知人の中で最も優れたビジネスマン、BLBG（ブリティッシュ・ラグジュアリーブランド・グループ）株式会社代表取締役の田窪寿保さんの著書『ジェームズ・ボンド「本物の男」25の金言』（講談社+α新書）からの引用です。

最近まで英国グローブ・トロッター社取締役副社長でもあった田窪さんは、前記の言葉通り、チャレンジングな性格がたまらなく魅力的です。

僕は、7年前に田窪さんの別の著書を読み、

↓銀座三越でグロトロのキャリーケースを買い、
↓自分も本を書いていることを告げて店長のMさんと親しくなり、
↓当時日本支社長でもあった田窪さんをご紹介頂いてランチに誘われ、
↓その場で普段から出講している「池袋コミュニティ・カレッジ」における講演会の対談相手を依頼し快諾して頂き、
↓僕がＢＬＢＧの顧客になり、
……という感じで、今も様々なパーティなどに招いてもらい、楽しく話す間柄です。話がダイナミックで、常に刺激を受けています。

小宮山さんも田窪さんも、「著書を出す」「ビジネスを展開する」等の具体的なアウトプットをし、それに気づいた僕も怖気づかず具体的な行動をしているからこそ、出会えたのだと思っています。

やはり大切なのは、**「する（Do）」**なのです。

2章《第2のツボ》

「確固たるビジョン」はすぐ崩れる！

——目標設定と準備のポイント

❶「ビジョン」か「とりあえずやってみる」か

どんなビジネスでも、**最重要のミッションは「定期的な売り上げを立てること」**です。

ただ、こんな四角四面の目標を立てても、あまりワクワクしません。

かといって、

「世界を笑顔で一杯にする」

「天下統一！」

といった「ポエム」で自身を鼓舞しても、単身フリーランスの身では、空回りになってしまいます（副業なら、なおさらおかしいです）。

前述したように、大切なのは「するか、しないか」ですから、皆さんも「とりあえずやってみる」つもりで、このページを読んでいらっしゃることでしょう。

僕は、幸い仕事が途切れなく入ってくるようになりましたが、その半分以上、いや大半は、正直に書けば実力ではなく「運」や「縁」です。

❖なぜ成功者は「お受験」させるのか

成功している人ほど、勘違いしていないものです。

なぜ、地方出身で、学歴など関係なく実力でのし上がったはずの芸能人やスポーツ選手が、慶應義塾幼稚舎や青山学院初等部などのブランド校に、わが子を「お受験」させると思いますか？

代々政治家を出している名門家系なら分かりますが、学習院初等科（麻生太郎氏の母校）や成蹊小学校（安倍晋三氏の母校）も、叩き上げの人から大人気なのです。

答えは、**「自分の成功に再現性はない」と考えているから**です。

「プロだから実力はあって当然。あとの大半は運や縁に恵まれただけ」と謙虚なのです。

僕は、個別の教育コンサルタント業もしているので、実際に何組もの保護者の方にお

会いしてお話を伺いました。有名人の子だからということで「悪目立ち」したくないからという事情もおありかと思って尋ねると、

「まさか。東京には、各業界の有名人の親なんて掃いて捨てるほどいますよ」

「将来を考えたら、きちんとした教育機会を作ってやりたいからです」

というお答えでした。

生き馬の目を抜くような業界で切った張ったの勝負をしてきた、百戦錬磨のお父さんお母さんが、真剣な目で、一言一句逃さないようにこちらの言葉をメモされるのです。驚きました。

確かに、大して成功していない僕ですら、18歳の上京時から人生をやり直したとしたら、講師や著者として、今のように映像や本で活動の場を与えて頂ける状態になれるか？まったく自信がありません。

やはり「運」が良かっただけなのです。

ただ、その「運」を引き寄せる（＝偶然を必然にする）ための心構えと、目の前に現れた「運」をつかむ力を鍛えるツボやコツはあります。

30歳以降、18年間にわたるフリーランス経験でそう確信していますので、少しでも読者の皆さんのヒントになれば、という気持ちで本書を書いています。

❖「ビジョン」の残念な現実

さて、話を戻しましょう。

フリーランスの場合、**「しっかりした目標」「確固たるビジョン」を持っていても、あいにくですが、すぐに崩れます**（扶養家族を説得する時には黙っていてくださいね）。

自分の力ではコントロールできない「運」と、同じ量の「不運」が、周囲に渦巻いているからです。

目標修正のために膨大な労力と時間を使って疲れ果ててしまっては、「穴あき屋根なしの1人用ボート」を漕いでいるフリーランスなど、すぐに行き詰まります。

また、**「しっかりした目標」を立てると、そこから逆算して「しっかりした準備」に、すごく時間とお金をかけてしまう。せっかく「する」つもりだったのが、そのうち「しない」に……。**

これでは意味がありません。

非常に裕福で援助が期待できる実家でもない限り、初期投資は極力抑えてスタートすべきです。

ドラクエ（ドラゴンクエスト）やＦＦ（ファイナルファンタジー）などのＲＰＧ（ロールプレイングゲーム）を想定してみてください（世代的に分からない人は、デュマの『三銃士』でも結構です）。

主人公の冒険者は、たった１人、手ぶら状態で旅をスタートします。

途中、ショップに立ち寄り武器や防具、その他のアイテムを買い、町の宿屋で仲間を増やします。

フリーランスはまさに冒険者。「ド」の付くベンチャー人間です。**「定期的な売り上げを立てる」ことさえできれば、さまざまな設備投資や仲間ができ、みるみるパワーアップしていきます。**

最初は焦らず**「とりあえずやってみる精神が9割」というのが、うまくいくフリーランスのスタンスだと思います。**

とにかく一歩を踏み出しましょう。

僕は「物事には自己ベストと世界一しかない」と考え、**自己ベストを更新できさえすれば、それ以上深く悩まないようにしています。**

一歩ずつ進んでいきましょう！

❷「仕事を入れすぎてパンクするリスク」に備えよう

仕事を頂く興奮（うれしさ）や、仕事が途切れる不安から、引き受けすぎてしまう……これ、僕自身も経験があります。

18歳で塾の教壇に立ち始めた時から、仕事を頂けることがうれしくて、断ることを知らず、「お金まで貰えて不安も減るなんて！」と大はしゃぎ。48歳にして反省しております……。

500㎖のペットボトルに2ℓの水は入りません。

「自分のキャパの大きさを知る」という意味で、ギリギリまで仕事を入れてみるのも良い経験ですが、周囲に多大な迷惑がかかってしまいます。

❖「仕事が舞い込む興奮」について

「仕事を頂く興奮（うれしさ）」について僕自身の経験をお話しします。

2019年9月、『47都道府県の歴史と地理がわかる事典』（幻冬舎新書）の出版時のことです。

発売後1週間の初速の良さと見城徹社長のご好意もあり、全5段広告（新聞の下部の端から端まで）が顔写真付きで新聞各紙に打たれ、話題になりました。

大書店のランキングで上位になり、「週刊文春」の「ベストセラー解剖」欄にも出ることができました。担当の小木田順子編集長の忍耐力と企画力、オビの文言やデザイン、校正部や営業部の皆さんのチーム力のお陰で、「出してよかったな」と心から思える本になりました。

ところが。

ある程度予想はしていたのですが、その後、各出版社から執筆依頼を、ものすごい勢いで頂きました。

普通は、まだ社内の会議を通過していない段階で、目次とサンプル原稿を編集者と二人三脚で練り、必死で会議をパスするように頑張るのですが、「もう全て通過していま す」という企画を、著書・監修書含め10数社から20数冊も頂いたのです。

お引き受けした順に地道に仕上げていくのですが、僕は複業家であり、社会人大学生であり、2人の子（5歳と3歳）の親です。アシスタントもマネジャーもいません。請求書の送付も、スケジュール管理も、確定申告も全て1人でやっています。

スタディサプリだけで高校・中学の社会科7科目を1人で担当しており、しかも2020年2月以降、新型コロナウイルスの流行で自宅のオンライン学習が主流となり、有料会員数が激増しました。

生徒・保護者・教員の皆さんから問い合わせをたくさん頂きます。

プライベートで何かしらが起きれば、自転車操業のチェーンは外れます。リスケジュールの連続で、気力はあっても体力と信用は失われ、巻き返すのに精一杯になってしまいます。

多くのフリーランスの方も、僕と同じように全て1人でこなすスタイルになると思います。

お声がかかるうれしさのあまりキャパシティをオーバーしないようにすることは、非常に大事です。

❖「仕事が途切れる不安」について

次に「仕事が途切れる不安」についても、経験をお話しします。

僕は、30歳で講師職をいったん辞めました。そして3年ほど、多くの業界にわたって、住み込みで働きながら全国を回りました。

その間の年収は180万円でした。

東京に戻った翌年、35歳の結婚時で400万足らずでした。結婚式当日に朝から仕事を入れ、勤務先から、

「他人の結婚式の話だと思ってたよ。頼むからもう（結婚式に）行って」

と言われる始末……。

慌てて鎌倉の鶴岡会館にスーツで駆け付け、他人事のようなテンションでフロントに言ったら営業マンと間違われそうになり、

「あの、結婚するんですけど」

という迷言を残してしまいました。

週2コマしかなかった講師の仕事と並行して、名前の出ない原稿書きと、早朝から週6で西新宿のホテルで働いた、当時の暮らしは今も忘れていません（眠かった……）。

幸いにして仕事に困らなくなった現在、お金があると素晴らしいのは、「お金のことを考えなくていい」点だと痛感しています。

「仕事が途切れる不安」について書いてきましたが、ここで話は先ほどの「興奮」に戻ります。

フリーランスの不安と興奮は、もうお祭しの通り、表裏一体です。お声がかかると興奮する。不安を忘れられる。だからもっと仕事を入れてしまう。僕も経験してきましたから痛いほど分かります。

ただし、**本来フリーランスの一番大事なポイントは、愛想がいいとかメンタルがブレない等ではなく、「納期を守ること」です。**

興奮や不安を否定する必要はありません。人間ですから。しかしそのたびに、このポイントに立ち返ることを思い出して頂ければと思います。

❸ 自分のタイプを知る

自己診断は、特にフリーランスには必要不可欠です。例えば、

- 「ガンガンやりたい」のか、「マイペースでやりたい」のか
- 「専門に特化したスペシャリスト」なのか、「総合力のゼネラリスト」なのか
- 「1人が好き」なのか、「仲間といるのが好き」なのか

これらを自覚しておかないと、精神的にも体力的にも厳しくなり、次のようなことになりかねません。

- 「ガンガン」タイプなのに、仕事を選びすぎてヒマになってしまう
- 「マイペース」タイプなのに、義理で仕事を受けすぎてメンタル崩壊

・「スペシャリスト」タイプなのに、インプットやトレーニングの時間が取れなくなって時代に取り残されてしまう
・「ゼネラリスト」なのに、超マニアックな職人技や最先端の技術や知識を要求されて応えられず、信頼を失う
・「1人でいるのが好き」なのに、さほど仲良くない人と狭い共同事務所を借り、ストレスをためてしまう
・「仲間といるのが好き」なのに、同業者をライバル視しすぎて、誰も飲みに誘ってくれない……挙句の果てに、元の同僚に連絡して「○○さん、寂しいのかな」と噂される

——これは不幸ですね。もはや、何のためにフリーランスや複業家になったのか、分からなくなります……。

❖どこまで広げるか

大切なのは、例えばサッカーでいえば、自分の適性ポジションはＦＷなのか、ＭＦな

のか、DFやGKなのかを理解しつつ、**攻撃範囲や守備範囲をどこまで広げるのかを想定しておくこと**です。

その際、フリーや副業ではアドバイスしてくれる上司がいないので、独りよがりの発想にならないように注意しましょう。

自分のタイプを見極めつつ、**状況に合わせることも必要**になります。

僕が「この先生と知り合えただけでも、43歳で大学に再入学した価値がある」と思っている、早稲田大学商学学術院の池上重輔教授の言葉を借りれば、多様な外部・内部環境に対応する「シチュエーショナル・ストラテジー（状況対応戦略）」です。

需要と供給のバランス、成長市場か否か、ブルーオーシャンなのかレッドオーシャンなのか（競合の多寡）を常に分析し、自らの状況を顧みつつ、柔軟に対応していく「戦略（ストラテジー）」は、フリーランスにこそ重要な視点です。

池上先生が先日、興味深いお話をされていました。

「個人的には、これからは必要に応じて臨機応変に意思決定を変えることが是であるという世の中になるのではと思います。その際に、大事なのは〝このような前提〟の場合には〝このような意思決定〟になるという関係性を共有することだと思っています」

フリーランスには、仕事の依頼者と互いに信頼感のある関係性を共有しつつ、柔軟な対応ができることが、常に求められます。

守備範囲を超える仕事が発生したとしても、

「これはできない」

「そんな話は聞いてない」

と突っぱねてばかりだと期待や信頼は失われ、仕事は途切れてしまいます。

なんといっても、こちらは「使ってもらえなければ始まらない」立場ですから。

自らのタイプを自覚した上で、どこまでなら現在の自分の範囲を超えても大丈夫かを常に意識しながら可能性や能力を伸ばしていけば、依頼者の信用も増していくのです。

❹ まったく無名でもＨＰ《ホームページ》は必要不可欠！

僕がフリーランスとして仕事が途切れない大きな理由に、公式ＨＰを持っているということがあります。（https://www.itougaichi.com/）

「有名人じゃないし」
「初期投資はなるべく小さくしたい」
「自分をアピールするタイプじゃないんだよ」

等、いろんなご意見はあるでしょうけれど、断言します。

有名無名関係なく、公式ＨＰはフリーランスに不可欠です。投資という意味で言えば、最低限の投資です。

これがなければ、依頼者はあなたが仕事人として「何者か」を知ることができません。そして、あなたを訪ねる「玄関」がどこか、分からないのです。

「検索すればだいたい分かるだろう」と言う人もいるかもしれませんが、それは間違いです。ネット上の記事やSNSだけでは信用性に乏しい。

だから「公式HP」なのです。

「公式」にすれば、間に第三者（HP業者）の目が入り記録が残る、と先方も分かります。**嫌がらせの連絡は圧倒的に減りますし、お問い合わせフォームに来る仕事依頼も丁寧になります。**

❖ 経歴は隠さない

HPを作る際、ものすごく重要なことがあります。

それは**「仕事に関する経歴は隠さない」**ことです。

前述したように、依頼者はあなたが「何者か」を知りたいのです。

性別、年齢、出身地、学歴（学部中退・学部卒・修士卒・博士単位取得）、学校歴（出身校）、出身企業、仕事の履歴など、一見デリケートな**「個人情報」こそ、知りたい**のです。それらを加味して、「客」である依頼者はあなたを選ぶわけです。

なのに、これを隠している人が多すぎます。もったいない！

フリーランスは、自分自身が商品なのです。選ぶのは自分ではなく、「客」です。

❖SNSは最低ひとつはやる！

公式HPだけでなく、Twitter や Instagram、Facebook などのSNSに抵抗感がある人も多いかもしれません。

でも、SNSは、最低1つは必ずやってください。

「公」の履歴書と、「私」の人柄と、依頼者は両方見て選びたいからです。

僕もTwitterだけはやっています。(https://twitter.com/itougaichi)
10年前、初の著書を出した時に、世間から「見られる側」になった、という自覚が芽生え、本来は苦手なのですが地道に運用してきた結果、現在約2万人の方がフォローして下さっています。

「公式ＨＰやTwitterから仕事なんて来るのか？　やっぱりリアルな人脈が一番なんじゃないかな？」

と、いぶかしく思っている方も多いと思いますが、仕事は本当に来ます。

特にメディア関係（ＴＶ・ラジオ・新聞）と、公的機関（地方自治体や図書館・博物館など）は、公式ＨＰがないと連絡しにくいようです。

Twitterでたまたま知り合った人と相互フォロー状態になり、やり取りをしているうちに、

「こんなのがあるんですけど」

「一緒にやりませんか?」

といった展開になったことは、数えきれないくらいたくさんあります。


ただし、1点だけ注意があります。

やるならちゃんとやる、ということです。

全然更新されないHPや、過疎化が進んでいるSNSは、完全に逆効果です。


読者の皆さんも、HPを見ていて「最終更新が5年前だった」と知った時のガッカリ感……ご経験がおありだと思います。

初めて仕事を頼もうと検討している依頼者にとって、フリーランスに求める最も重要なポイントである「やる気」がまったく見えないのです。


整理しておきましょう。

・公式HPは必須！
・HPには情報を隠さないで「何者か」が分かるようにしておく
・SNSも最低1つは必須！
・やるならちゃんとやる！

繰り返しますが、フリーランスは自らが商品です。「客」に選んでもらえなければ何もできません。

照れ臭くても、精一杯自己アピールをして、たくさんの出会いがあるといいですね。

❺ 会社にいるうちにやっておきたいこと

僕は現在、スタディサプリの講師という立場もあり、リクルート社で仕事する機会が多いです。

リクルートは、上司や同僚に「何がしたいの？」と聞かれる機会が多いことで有名な、元祖メガベンチャー企業です。

やりたいことを常に発信することにより、方向性が明確化していき、退社した後も「元《もと》リク」として起業し、古巣や取引先と良好な関係を保ちつつ（＝仕事を受けつつ）、活躍する人がとても多い。

見習いたいものです。

僕も常に、

「プロレスが好きで、詳しい」
「レスラーになる気はないが関わりたい」
と発信していたら、3年前に人を通じて団体の代表を紹介され、(やりたいことが明確化していたからこそ)すぐに意気投合して、今や正規のリングアナウンサーをしています。

ただ、普通の会社、特に保守的な会社ではこうはいきません。**日頃からアピールしたり相談する相手を、ある程度選ばなければなりません。**

まずは、**家族**です。

日頃から「やりたいこと」をアピールしておけば、いざフリーになる、副業を始めるという時に、理解を得られやすいのです。

次は、**社外の、やりたい業種で「成功している人」**です。

「まあまあの人」や「失敗している人」は避けてください。

なぜかというと、その人たちから得られる人脈や情報は、マイナス方向のものが多いからです。

「甘い夢見てるのかもしれないけど、意外と厳しいよ」

「外から見てるのと実際にやるのじゃ大違いだよ。幻滅することないって」

「絶対やめたほうがいいよ」

くらいならまだしも、

「じゃ、○○さん紹介するからさ、逆に誰か紹介してよ」

「ねえ、社員に戻れないかな……」

などと言われると、フリーになるには思い切りが必要なのに、逆に萎《な》えます。

アピールは「成功している人」に。鉄則です。


最後に、**社内の、理解ある「上司」**にアピールしましょう。

❖同僚には秘密に

よほど信用のおける人以外、「同僚」はやめておいたほうがいいです。

現状では、社内でのライバルですから、

「あの人、辞めたがってますよ」

「副業やるんですって」

「もう気持ちは副業のほうに向いちゃってるみたいです」

などと言われたら、非常にしんどいことになります。

❖ キーマン以外には連絡しない理由

さて、決意が固まったようであれば、現在関係のある「潜在顧客」や「過去の人脈」をメンテナンスしておく必要があります。

その際、**「誰がキーマンなのか＝決定権を持っているのか」を把握して、その人につながる人以外には、連絡を取らない**。これが大事なポイントです。


現在の取引先や過去に社内で得た人脈に広く粉をかけすぎると、

「節操のない人」

「仁義にもとる」
「立つ鳥、跡を濁したね」
などと言われ、今後の活動に支障が出てしまいかねないからです。

どんなに綺麗に辞めても、全く業種を変えても、やはり以前の勤務先で得た人脈を利用すると、あまり良いイメージはつかないものです。

ですから、「本当に意味のある」最小限の人たちに絞るのです。

その上で、その人たちに、向こうが損しない範囲で（もしくは向こうが少しでも得をするような状況を作り）、決定権を持っている人につないでもらうのがポイントです。

フリーになる焦りから、一方的に仕事や人脈を欲しがる「欲しがりさん」だと思われたら、一度きりの関係になってしまう可能性が高いです。肩書や実績のない人間と、「ビジネス抜き」ならまだしも、「ビジネスで」わざわざつながるのは、誰だって正直なところ面倒くさいですから……。

また、せっかくフリーになったのだからと、常識で考えればアクセス不可能な相手、例えば芸能人や有名ビジネスパーソンに対して、蛮勇に等しい行動力を発揮して、無理に会いに行く人もいますが、これはお勧めしません。

ちょっとした、「蜘蛛の糸」のようなツテがあるからと、憧れの人と会う機会を無理にセッティングしてもらったところで、その人から見ればあなたは「ファン」にすぎません。

期待したほど良くしてもらえないので落胆し、不安になります。

間に入ってくれた人がいる場合、その人も妙な疲れを抱えるだけです。

まだ仕事人として何の実績もないのに講演会に行き、オンラインサロンに入会して、名刺交換をして少し話したところで、相手から見ればあなたは「後援会員」にすぎません。場合によっては、カモがネギを背負って鍋に飛び込んできた状態になりかねません。

問われているのは、**焦りや不安、期待がある状態であっても、「対等な関係で会えるま**

で、待つことができるか」です。

憧れの人と長く付き合いたいなら、まずは自分の仕事を安定させることが最優先なのです。

だからこそ、会社にいる時から、慎重に作戦を練っておくのです。

3章《第3のツボ》
活動スタート時の「やるべきこと」と「やってはいけないこと」

❶大きな仕事から？　小さなものから？

フリーランス活動のスタート時期には、**仕事の大小を選んでいる場合じゃありません。**素人趣味ではないプロとして、「注文が来れば作るが、来なきゃ作らない」ことを前提に、相手が欲しがるものを、順番通りに作っていきましょう。

料理でいえば「オムレツは作るが目玉焼きはダメ」とか、できるのにケチくさいことを言ったりせず、お客さんを喜ばせる。

その姿勢がフルコースの注文につながるのです。

お客の人数や仕事の大きさなんて関係ありません。１人でも、売り上げが低くても、決して手を抜かないのは当然です。

40代になったころ、散髪を美容室から理容室に変えました。

20代以降、僕なりに「容姿を美しくする」を目的として美容室に行っていたのですが、「容姿を整える」ことに目的を変えようと思ったのです。

午後のアイドルタイム（暇な時間）を狙い、都内の各店で理容師にのみ認められている「顔そり」を試しました。

ルール違反ではないが半額以下となり売り上げは低いため、「顔そりだけ、お願いできますか？」と遠慮がちに聞き、入店してそれとなくお店の雰囲気をチェックします。

神田のある店で、入店から退店まで、ほぼ完璧な接客・施術をする若い技術者がいました。眉の形も嫌らしくない程度にスッと勇ましくなり、僕の心の中で、本当はまだ捨てがたかった「美への変身（メタモルフォーゼ）願望」まで、満たしてくれました。

わずか10分。もしかしたら地方から出張で来ているのかもしれない「一見の、単価の安い飛び込み客」の僕をぞんざいに扱わず、技術力も示してくれました。

「小さな仕事」もおろそかにしないその理容師・霜鳥大志さんは、数年にわたり僕を担当した後、東京タワーの近くで1人で『The TRADITIONAL』を開業しました。

そして今。僕がビジネス書を初めて書かせて頂くことになり……わずか10分の出会いに誠実だったことで、ここまでつながるのです。

❖「ちらし寿司だけ」から常連になる

僕は、初めての寿司店では、カウンターで「ちらし寿司」のみを頼みます。

店の雰囲気、接客、土台となる酢飯のレベル、魚介ネタへの仕事、卵焼きの味、お茶の質を確認してサッと食事を済ませ、気に入ると、日をあけず再訪します。

次は、「にぎり1人前」のみを頼み、握りの技術や海苔の質などが分かると、店員さんと少し話し、

「とても美味しいです、素敵なお店ですね」

と素直に褒めます。

これで2回目にして「常連」になります。

通い続ける価値のあるお店を見つけたのです。大切な知人、本物のプロと共に訪れても恥ずかしくありませんし、僕の信用度も増します。

僕は、学びのため、急いでいる時以外は、チェーン店で食事することを極力避けています。

西早稲田の安兵衛寿司や飯田橋の海彦は、プロの技術とプロの接客が見られるのでお勧めです。

どれだけ手をかけても同業者にすら気づかれないこともありますが、手抜きは誰にでもバレます。対象人数や仕事の大小など関係ありません。

❖「何でもやる」理由

依頼されれば、まずは何でもやることにしている理由が、もう1つあります。

「自分の器量を大きくしたい」からです。

僕は決して「美男」ではありません。正直、30代までは気にしていました（だから美容室に通っていたのです）。

しかし、40歳を迎えた時、努力ではどうにもならない部分が欠けているのを恥ずかしいと思わなくなりました。それを他の部分で補おうとすることこそ魅力になるんじゃないか、だから人前では笑っていよう、と自分自身に約束したのを覚えています。

その頃、心に響いたのが、主要メンバーが2人抜け、致命的だと思われても4人だけで再生した、ジャニーズ事務所のアイドルグループNEWS。特に**増田貴久さん**の笑顔でした。講師職に戻り5年が経ち、一皮むけたいのに、と悩んでいた頃でした。どれだけ励まされたことか……。

「いい男」であることと「美男」（増田さんはもちろん美男でもありますが）とはイコールではありません。よし、自分は心意気だけでも「いい男」「男前」を目指そう、器量の大きさで勝負しようと思い、前述のように理容室を探し始めたのです。

そして現在、何でも仕事を受けています。

せっかくフリーランスなんです。全ての責任を自分で取れる立場なら、「食わず嫌い」より「怖いもの見たさ」のほうが、器量を広げられる機会が待っている可能性は高いと思っています。

良いきっかけを与えてくれた増田貴久さんから、「久」の字を勝手に頂き、現在3歳の息子の名前は「〜久」です。

❷「何をするか」より「何をしないか」

想像できないことは実現できません。48歳、未経験者の僕が「フィギュアスケートで羽生結弦選手に勝つ」ことは絶対に無理です。想像すらできません。

しかし、「書店で憧れの**弘兼憲史先生**（『島耕作』シリーズなどの人気漫画家）の隣に著書が並ぶ」ことは、想像しようと思えばできます（ありがたいことに、そうして頂いていることがあります）。他にも、

「少年時代に大好きだった**榊原郁恵さん**とTV番組で共演する」

「受験生時代に使っていた『試験にでる英単語』の青春出版社で打ち合わせをする」

など、想像できることをいくつか実現することができたのは、僕がフリーランスとして**「何をするか」より「何をしないか」**を重視してきたことが大きいです。

さて、この項目では、具体的な日々の行動レベルでの**「してはいけないこと」**をいくつか述べます。

❖眼鏡のレンズや靴が汚れている

フリーランスは自分自身が商品です。不潔な商品が売れるでしょうか？

人は目を見て話しますから、眼鏡は一番目立つ場所……。

僕は、眼鏡拭きを常に持ち歩き、人に会う直前に目薬までさします。

目が悪くない人なら、靴です。

僕は、スタジオでの講義収録時、**カメラに写ることはなくても、必ず収録前に簡易靴磨きで磨きます。**その心がけが作る雰囲気が、画面に出るからです。

❖待ち合わせに遅れる

先に待っているだけで、たとえ相手が時間通りに来ても「あ、すみません、お待たせしました」と言われる側になる。

「いえいえ、ちょっと早く着いちゃったんで、たまたまです」というシチュエーションから仕事が始まる。ものすごく気が楽です。


ちょっと先にいるだけでこんなにメリットがあるのに、遅れる人がいるのが信じられません。電車の時刻がスマホやPCで簡単に検索できるからか、「ギリギリ」で考えている人が多すぎる。もったいないと思います。


僕は腕時計をすべて14分進めています。

最初は2分だったのですが、5分→10分→12分→14分という経過を経ています。そのくらい気にしているのです。そして、機会を見つけて「その話をする」のです。

「大事な人相手に遅れるわけにもいかず、気が小さくて……あはは」と言われて、悪い気がする人はいませんよね？

❖コンビニの袋を持って歩く

繰り返しますが、フリーランスは自分自身が商品です。事情は色々とありますから、借金してまで着飾る必要はありません。「貧乏」はいい、その苦労は後に美談にすらなります。しかし、**「貧乏くさい」のはダメです。**

僕は、現場に入る時や、新幹線に乗り込む時など、飲み物や食べ物を買ったら、必ずカバンの中にしまいます。どこで誰に見られているか分からないからです。

僕を初めて見る人もいるだろうし、それが最後になる人もいます。だから、その人の中に残る僕のイメージには、細心の注意を払います。

❖ 服装がその場に合っていない

披露宴や受賞式など、誰かを祝う、主役が明らかなパーティに呼ばれたとします。

大事なポイントは「会場に溶け込む」こと。

壁と同化するくらいでいいです。

ＴＰＯをわきまえる常識があるか。これをデキる人は見ています。

僕は、「就職活動のリクルートスーツは『同調圧力』や『没個性』に拍車をかける」等という言説に違和感を持っています。

前向きに考えてもいいのではないでしょうか。

全員がほぼ同じ格好をしているからこそ、その人自身の個性が浮き出てくるのではないか？　という考え方もできます。

「決まったルールの中でどう差別化するか」という能力が測れるのではないか？　という見方もできます。


黒スーツは、最も品質の差が出ます。

そして、全てを決めるのが「サイズ感」です。

アドバイスを求めてくる就活生には、

「飲み会を何度かパスして、オーダーで、良質な生地の、ジャストサイズのスーツを買おう！」

と言っています。

その際、「僕に相談し、これを実行して就活に失敗した人はいないよ」と一言添えます（もともとの、ご本人の努力や能力に加えてこの言葉が少し背中を押すことができたためか、本当に失敗した人はいません）。

以上はほんの一例ですが、こういったことを意識するだけでも、品のある雰囲気が出ます。

プロとして大事なのは、その職業の人として**「雰囲気あるね」**と思われるかどうかだと思っています。

一流の営業マンにも、財務のプロにも、デザイナーにも、学者にも、独特の「らしさ」があります。

技術や実績が裏打ちする、確かなスタイル。それを、TPOをわきまえた、臨機応変なファッションで包み、客前に出たいものです。フリーランスは、自分自身が商品ですから。

❸ 意外に大事な「サードプレイス」

僕は現在、早稲田大学教育学部の学生でもあるのですが、授業で何度も**「サードプレイス（第3の場所）」**という言葉を聞きました。

子どもなら家庭と学校、大人なら家庭と職場など、2つの社会集団に所属していることが普通です。この2つのどちらか、または両方がしんどい時、3つめがあると救いになるという文脈で、よく語られます。

新学期、学校に行きたくない生徒にとっては地域の図書館が、職場に足を向けにくい大人にとっては公園が、疲れたサラリーマンにとって、のれんをくぐるいつもの居酒屋がサードプレイスにあたるでしょう。

フリーランスには、これがもっと大きな意味を持ちます。

家庭＝職場となり、1つの社会集団にしか属さないケースが多いからです。

一般的には「サードプレイス」と思われがちな、習い事やランチ会、ヲタ活（オタク的な活動）やスポーツ観戦は、実はフリーランスにとっては「セカンドプレイス」だったりするのです（専業主婦の方も同じです）。


物書きとしての僕が、学生として大学に通っている意味に、気づかれたでしょうか？

家庭＆職場が「ファースト」、学校が「セカンド」です。というわけで、講師としての僕にとって、もう一つの職場が「サード」となり、楽しくてしょうがないのです。

「見られる側」の仕事は、「常にゴキゲンであること」が鉄則です。フリー講師の僕は、年に何十カ所も行く各職場、つまり僕にとってのサードプレイスで、圧倒的に有利な状況で戦えるわけです。

生徒さんだけじゃなく、スタッフさんに対してもゴキゲンなので、仕事はどんどん増えてきます。同時並行の「複業」は、そういう意味でも効果抜群なのです。

とはいえ、やはり職場は職場、利害はどうしても絡んできます。

❖「場所」と「人」

「何も考えなくていい」本物のサードプレイスは大切です。

これには「場所」と「人」の2パターンがあります。

「場所」の場合、僕ならシアタープロレス花鳥風月本部のある北区の東十条です。大野公寿代表が経営する「ようがんや」「たこ課長」というお店や、道場の所在地がサードプレイス。会場におけるリングアナウンサーという立場を離れ、伊藤賀一個人として、用がない時もふらっと駅に降りてしまいます。

「絶対に開いている」

「絶対に否定されない」

「絶対に歓迎してくれる」

そういう、いわば気の合う仲間が待っている山小屋のような場所というイメージでしょうか。**何かあっても、なくても、いつ行ってもいい。**

2018年末、1日限定でプロレスデビューしてくれた、もと光GENJIの**大沢樹生さん**が遊びに来たことも何度もありました。代表・選手・スタッフ含め、皆、本当にいい雰囲気です。

「人」の場合、僕には「友人」が1人しかいません。人付き合いが多い割に少ないというか、ひどい言い方だなと思われるかもしれませんが、理由があります。

30歳の時、東進ハイスクールの教壇を降り、正社員として「複業」していた会社も辞め、全てを捨ててリュック1つで東京を出る日のことです。

修行時代、お金がなくて1年半同居していた法政大学時代からの友人でありカメラマンの関根一秀に電話を入れました。彼は新宿の居酒屋で、向かい側に座る奥さんの目を盗みつつ、封筒を押し付けてきました。

「黙って持ってけ」

「これ、お前の今日のギャラやろ?」

「いいから」

「……」

3年後、全国を廻り東京に戻った僕は、偶然、奥さんから聞きました。

「あの日、あの人ギャラ全部落としてきてね。後ですごいケンカになったのよ」

親しい人はたくさんいます。世間的に見たら超仲良しの友人が。でも、そう簡単に「友人」という言葉を使いたくない。彼だけが今でも僕の「友人」です。

早稲田大学の授業で、今は僕らの母校である法政大学の専任講師になられた岩川ありさ先生の講義で、腹に落ちた言葉がありました。

「本当に理解してくれる人が1人でもいれば、人はそれだけで生きていける」

「場所」と「人」……皆さんも、素敵なサードプレイスをお持ちになってください。

❹「いいところどり」をしない、させない

冒頭からあえて強烈なことを書きます。先日 Twitter に書いた内容をそのまま転載します。

格下には格下たる理由がある。客の言う事は聞いても格下のプロから学ぶことはない。そこに「いいところどり」はない。

僕は、**負け犬の集まりに顔を出さない**ようにしています。戦闘力の低い同業者や関係者が集っても、そこは地獄の1丁目。嫉妬が渦巻く欠席裁判の連続で、人生の無駄遣いにしかならないからです。

フリーランスは、**「周囲にどういう人を置いてスタートするか」**が本当に大事です。

僕は、本書で初めて、社会科関連以外のビジネス書著者として一歩を踏み出しました。

2まわり（＝24歳）も年下ですが、近くに同業のすごい人がいます。

『東大読書』などの東大シリーズ（東洋経済新報社）だけで累計40万部を突破している現役東大生作家で、最近はTVで観ることも多い、**西岡壱誠《いっせい》さん**です。

先日も、「こないだ『東大思考』がAmazon総合1位になりましたー」などと屈託ない笑顔で言ってきました……驚きつつも、「いい環境にいさせてくれるなあ」と、彼には感謝しています。


彼と僕の関係に限らず、実績を上げ続けているプロの共通点があります。

それは**「いいところどり」をしない**ことです。

例えば、相手の人脈を欲しがらない、しかし自分は積極的に紹介する。

新刊を出したからといって「宣伝して」とは頼まない、しかし普通に読んでほしいので献本する。

相手のフィールドに出る時は見返りを要求しない、しかし自分のフィールドに来てもらう時はポケットマネーででも用意する（＝互いに受け取らない）。

一度も、お互いに確認をしたことはありませんが、毎回自然とこうなります。

これは、２人とも**「借りたものは返す」**という人類の当たり前の原則を、腹の底から理解しているということでしょう。

ちなみに、彼はどうか知りませんが、僕にとって、この言葉には２つの意味があります。

まずは、文字通り**「受けた恩を返す」**こと。

もう１つは**「やられたらやり返す」**こと。お門違いの攻撃には、黙っちゃいない。

フリーランスには、「いいところどり」を許さない気の強さも必要なのです。

⑤「運」と「縁」に恵まれるヒント

僕は**「運」と「縁」を引き寄せる握力**がすごく強い、とよく言われます。ありがたいことに、これはフリーランスの最良の資質かもしれません。

18歳以降、20種類以上の仕事をやってきましたが、それぞれのスタート時に、こんな素敵な人たちに好意を受けた、という例をいくつか、ご参考までに紹介します。

最初の仕事だった、大手中学受験塾講師のプロとしての教えを受けたのは、現在、春日部の「自然学園」というサポート校で学園長をされている小林浩先生です。

車の助手席に乗せてもらい、話を聞きながら、塾・出版社・学校とあらゆる現場に同行し、ともに働く。今で言えばインターンです。

ご自宅にも何度も泊めて頂きました。

10歳上の、その大手塾の全校舎トータルにおける社会科責任者で、普段は優しい人でしたが、

「伊藤君、自己満足は駄目。生徒を置き去りにするつもりかよ?」

と、授業のことになると急に厳しくなり、すごく怖い方でした。

「予備校業界で講師になるので、塾業界の最前線の現場を知っておくために来ました」

……まだ学生だった僕が先生と初対面で話したのは、東京本校での模試採点時でした。

小林先生は、他校舎の管轄だった僕を本部の直属講師へと引き抜いて、手元で「塾屋」の全てを惜しみなく教えてくれました。

本校以外に出講した浦和校では、女子の最難関、6年生の「桜蔭《おういん》クラス」を担当するチャンスまで頂き、今もこの経験が血肉になっています。

余談ですが、この時、担当外の4年生のクラスに「音喜多《おときた》」という珍しい苗字の少年がいました。数年前、当時はまだ都議会議員だった音喜多駿《しゅん》さん（参議院議員）と対談する機会があった時、

「そういう子が勤務先にいたので、苗字を聞いてもあまり珍しいと思わないんです」

と話したら、

「え、それ、僕ですね」

と。それ以来、Twitterで相互フォローになり、たまにやり取りしています。これもすごい「縁」ですね。


さて、大学卒業時、僕が塾業界に残ろうか、当初の予定である予備校業界を目指そうかと迷っていた時に、小林先生は、

「(学部卒だと厳しいけど)伊藤君なら絶対いい講師になる、がんばりなよ」

と、歩きながら肩を叩いてくれました。

僕が人を褒めるのが好きになったのは、小林先生の影響です。**たった一言が、現在に至るまで、こんなにパワーになる。**感謝してもしきれません。

次は、3年間の旅から戻り、東京で1人でフリーランスを始めた頃のことです。

売り出してもらうために、出講する予備校を1つに絞った結果として授業のコマ数が極端に少なくなり、生活できないので、4時半起床で週6回、朝から西新宿のホテルでサービスマンとして働きました。もう、眠いのなんのって……。

この時、7歳下の料理人だったのが、現在、六本木のグランドハイアット東京「けやき坂」で料理長を務める本多良信さんです。

当時、僕は34歳。毎朝バイトで働きに来る、カネもないそんな年齢の人間は普通、軽んじられます。

しかし本多さんは「伊藤さんすごいですね、先生ですか」と、すごく普通に接してくれました。それにつられて、周囲の僕への当たりも柔らかくなりました。

その後、幸いにして授業が週7回入り、講師としても、収入面でも、自己記録を更新し続けられるようになりましたが、職場の居心地の良さから、このホテルに4年間も務め続けました。

本多さんに限らず、今でもホテルで一緒に働いた、現・元従業員さんとは、親しい関係を続けています。

❖何が何でもチャンスを生かす！

最後に、最近の話を。

新型コロナウイルスが流行し始めてすぐ、ＰＨＰ研究所の月刊誌『歴史街道』から原稿依頼が来ました。

史学科出身とはいえ学部卒の予備校講師に、博士号は当たり前の歴史学界や、人気作家の方々が集まる業界誌から依頼を頂くのは、とても名誉なことです。

しかし、日本史が専門である僕に依頼された、９ページもの特別企画記事のタイトルは「パンデミックが変えた世界の歴史」。

僕は、医学分野の感染症については全くの門外漢です。

世界史は、高校で教壇に立っていたことがあるとはいえ（正直、一定水準より上の授業技術を持つ講師なら「膨大な予習時間をかければ」できます）、大変な仕事です。

出口治明先生のインタビューや、冲方丁《うぶかたとう》さんの連載小説まで載る誌面を、僕が汚すわけにはいきません。失敗したら、金輪際ＰＨＰ研究所から依頼は来なくなる。

しかし、こんなチャンスを逃すバカなフリーランスはいません。

他の仕事や大学生としてのあれこれも重なり、不眠と不安で朦朧としながら、とにもかくにも東京駅近くにある、丸善丸の内オアゾ店に行ってみようか……なんといってもデカいしな、と思いました。

まず、「医療」関係の売り場で、ド文系なのに感染症の文献を探します。

そして世界史。

でも、僕が原稿を書くとなれば日本史にも引き寄せねば。

「どうしよう……」

と、ドン詰まった気持ちになった僕は、近くで忙しそうに棚の整理をされている、少し年上っぽい男性に思い切って声をかけてみました。

「今度、ある雑誌で世界の感染症の歴史記事を書くことになりました。参考図書を探しています。自分は日本史が専門です」

と正直に。

その書店員さんは、他の電話に出たり、たまに他のお客さんの対応もしつつ、行ったり来たりしながら、非常に的確に、さまざまな点で親切に対応してくれました。

頼んでいないのに、千葉県の図書館の貸出状況まであっという間に調べてくれ、

「当店にはないんですが、こちらにこういう本があります。日本史はお詳しいでしょうから、そこから派生した知識として有効かと」

等と。

僕は感動してしまって、

「あの、自分は一応書籍も出していまして、お店にはいつもお世話になっております、幻冬舎新書の『47〜』」と言った瞬間、

「『47都道府県の歴史と地理がわかる事典』の伊藤賀一先生ですね。私、あの系統の本、大好きなので買って読ませて頂きました。こちらこそ、いつもありがとうございます」

と。新聞広告を何度か大きく出して頂いたとはいえ、僕はそんなに有名な著者じゃありません。

それに、彼は医療関係の棚の担当ですよ。

さらにすごいのは、特に名乗らないことです。著者と書店員さんのダイレクトのやり取りは、出版社の書店営業の方に失礼なので、僕も下手に名刺を渡せません。お互いがそのような「常識」をわきまえているのです。

結局、御礼を言ってその場を離れた後、十数冊の本を選び、レジに向かいました。再度軽く御礼を言おうと思ったのですが、接客中。目の前のお客さんから一瞬たりとも目線を外すような人ではなかったので、そのまま帰りました。

僕は自宅で、その名前も知らない書店員さんのためにも、真剣に記事を書いたのです。

しばらくして、ＰＨＰ研究所から日本史の一般書の依頼を頂きました（『「90秒スタディ」ですぐわかる！日本史速習講義』です）。

仕事は、予想外の展開で、見事に、最高の形でつながりました。記事の評判が悪ければ、同時に進めていたとしても、企画はボツになっていたはずです。

僕は、ネット通販を否定するつもりはありません。Amazonさんも楽天ブックスさんも、他の媒体にも大変お世話になっております。ランキングもすごく気にしていますし、電子書籍だって大量に出しています。

それでも、**紙の本を、書店で買う意味は絶対にある**と思います。

こんなプロ中のプロの書店員さんがいるのですから！そして、そうとは知らずにプロ中のプロに声をかけた、僕の「運」たるや……。

少し長くなりましたが、**「スタートを切ろうとする時、人は明るく振る舞っていても、どれだけ不安で心細いのか」**を知って頂くとともに、僕も少しでもそのような人の助けになれれば、と思って書きました。

4章《第4のツボ》

「また頼みたい」と思われるコミュニケーションのしかけ

❶「アウェイをホームにする力」を！

プロの定義は諸説ありますが、**「限られた枠内で結果を出し続ける」**ことも大きな要素です。複雑化し、変化のスピードも速い現代社会でサバイブするために必要なスキルは、「ライフハック（人生術）」などと言われていますね。

どうやら語学・金融知識・情報スキルが現代の「三種の神器」らしいのですが、今さら言われてもすぐには揃えられないし、僕は現状1つも持っていません。

先日見た記事ではもっと細かく、「英語＋1言語、不動産投資・保険・税金の知識、プログラミング、起業経験や人材マネジメント経験」等と書いてありました。

僕は1つもできないです。

中国語の単位を落として早大を今年卒業できず、デジタルに弱すぎて自動洗浄便座すら使ったことがなく、人を雇う起業なんて考えたこともないのです。

1人でいたい。

そんな僕が、**「今すぐに」「誰でもできる」**術を提示したい、というのが本書を執筆した主な動機です。多くの人にとって即効性も再現性もないことを上から目線で言われても、結果論を振りかざしたマウンティングにしか見えないのではと思いまして……。

僕は、「運」と「縁」を引き寄せる握力がすごく強いとよく言われます。そう言ってくれる方によると「積極型ラッキーボーイ」らしいのですが、もう1つだけ自信のある力が存在します。

前者が行動力・体力系だとすると、後者は発想力・知力系です。

それが**「アウェイをホームにする力」**です。どこに行っても、**周囲を味方だらけにするコミュニケーション能力**のことです。

この章で端的に開陳していきます。

いよいよ、会社を離れても仕事が途切れない「実践編」のスタートです！

❖信念と気迫

まず、フリーランスは、あらゆる場面で**「タイマンじゃそうそう負けない」**という信念と気迫を前面に出してください。

その上で、根性を決めてインファイト（接近戦）に持ち込むのです。

本当に仕事の決定権を持っている「すごい人」の前には、「席次表」や「指定席」はありません。自由席なのです。

自由席は英語で何と言うか、ご存じですか？

答えは「non-resreved seat」で、「free seat」ではありません。

「何をやってもいい席」ではなく、「席が確保されていない」という意味。すなわち**「獲ったもの勝ち」なんです。**

ならば、行くしかない。それがフリーランスの世界の原則です。

❖「すごい人」の共通点

僕は、仕事を初めて今年で30年になります。

特に、フリーになってからの15年間で、数々の「すごい人」と会う幸運に恵まれてきました。

様々な「すごい人たち」が共通して、僕たちフリーランスに対して期待していることが2つあります。

「何でもいいから笑わせろ」
「この私を失望させるなよ」

です。それだけなんです。忘れないでください。

これに応えればいいわけです。つまり、ヨイショや忖度だろうが、見て見ぬふりや善意からの嘘だろうが、先方は気にしていません。とにかくこの「2つ」を外さないことが大事なのです。


経済的・精神的には余裕があるものの、時間はなく忙しい人だからこそ、

「どうせなら綺麗に騙されたい」

「結果しか見ない」

というタイプが圧倒的に多いです。ある意味、「忙しいのに退屈」なのです。


僕たちフリーランスは、こういう人たちを味方につけなければならないのです。

そのためのコツを、１つ紹介しましょう。


話のついでに軽くであっても、相手が示してくれた**「お勧め」をすぐに実行すること**です。


「この本、読むといいよ」

「あの映画は良かった」

と、聞いてしまったなら、すぐさま読む。観る。分かっていても、「しない人」が多いからこそ、「する人」は目に留まります。

相手は心を開いているからこそ、勧めてくれたのです。

「しない」なら、何のために接近したのか分かりません。

大切なのは、ここでも「するか、しないか」です。

❷ 初対面で何を話すか

インファイト（接近戦）状態となり、仕事相手と会った時に何を話せばいいかに悩む人もいらっしゃいますよね。

鳥山明先生の漫画・アニメ『ドラゴンボール』を御存じの方なら通じると思いますが、普段から頭に「スカウター（架空の戦闘力測定器）」をつけてください。

相手のパワーはいくつで、自分はいくつなのか。

どの話題に関しては相手のほうが上か、それもどのくらい上か。

様々な話題を振ったり振られたりすると、1度会えばほぼ正確な数値が判明します。

コミュニケーションが苦手な人が、無理に「振る」側になる必要はありません。

「振られた」時にこちらがどう答えるか、それに対して相手が「どう返すか」というやり取りの中で、相手の戦闘力は分かるからです。

なんかケンカみたいだな……と思われたかもしれません。そう、**顔合わせはケンカであり勝負**なんです。仲良し同士の遊びじゃなく、仕事ですから。

❖例えば、名刺交換で

ここで、ロールプレイングをしてみましょう。

例えば、名刺交換をしますよね。

あなたは、どんな名刺をお持ちですか？ 会社員時代とは違い、自由です。パッと印象づけられるようなものを、特注で作成していますか？

僕は、友人でもあり、TVによく出ているアメリカ人デザイナーでありタレントのケイリーン＝フォールズにデザインしてもらった、黒地にエメラルドグリーンの「Gaichi Itou 伊藤賀一」という名刺を使っています。

見た目のインパクトが絶大で、ほぼ全員が「カッコイイですね！」と、声に出して言ってくれます。これで、次に話す順番がこちらに回って来ます。

例えば、以下のような話はどうでしょう？

日本が大好き、と来日して日の浅かったケイリーンとは、僕がCS放送で「天職」という番組を持っていた時、対談相手に指名することで知り合いました。

ここで、

「え？　賀一先生そんな仕事やってらっしゃったんですか？」となります。

「ええ、演者だけじゃなく広報プロデューサーもやってました」

「えー！」

「その番組内でさらに知り合った、彼女の友人のタレント・通訳案内士である栄木明日香さんとは、何度も食事やプロレスの試合を観に行くほどの仲良しなんです」という話をしつつ、一緒に撮った写真を見せます。

「なにこの美人！」

「彼女、ミスユニバースジャパンのファイナリストで、DHCシンデレラなんです」と、またこちらが話す側に立てます。

彼女たちとは偶然、「運」と「縁」がありました。でも、初対面時に、ケイリーンや栄木さんに僕が嫌われていたらアウトです。

すべての出会いを逃さない「握力」、これもまた、そういう意味では勝負なのです。

具体的な方法に戻りましょう。

意外に大事なのは、インタビューの仕事でもない限り、**相手のことを調べすぎないこと**です。

すでに知っている話を聞いても、相手にとって好ましい反応ができません。あいづちの打ち方が不自然だったり、驚いてほしいポイントで驚かないといったことが続くと、話者に「この人、話を聞いてないのかな?」と思われてしまいます。

相手のタイプによって、こちらの雰囲気を変えることも必要です。仕事の仕方が「ライオンタイプ（＝部下にやらせる）」なのか、「オオカミタイプ（＝集団で動くが本人が先頭に立つ）」なのか、「チータータイプ（＝単独行動型）」なのか。

僕は完全な「チーター」です。

わずか4秒で地上動物で最速の時速110㎞に到達するという、スイッチが入れば誰も敵わないダッシュ力……自分もそうありたいと思います。しかし500ｍしか走れず、満腹になったら歩くことすらしない怠惰さ……これは反面教師としなくてはですね。

あなたはどれですか？

❖身長すら変える

また、会う前の仕込みも大事です。

僕は会う人や仕事のタイプによって、底の高さが違う靴を用意しており、身長すら変えます。

相手が小柄な女性の場合は低い靴。例えば、スタディサプリの人気講師、古典の岡本梨奈先生は150・5㎝で、僕は179・5㎝ですから29㎝の差があります。

これって、男同士で歩いているとすると、僕の隣に約209㎝のジャイアント馬場さんがいるのと同じ差なんです。

大きいほうは、それだけの「圧」が出てしまう。これを常に意識して、例えば小柄な女性の前では、できるだけ優しく振る舞うようにしています。

❖プロレスのリングアナウンサーの「靴の高さ」

さて、続いてクイズを出しましょう。

プロレスのリングアナウンサーの場合、靴底は高いor低い、どちらが正しい選択でしょう？

答えは「低い」です。

理由はもうお察しでしょう、「レスラーが大きく見えるようにするため」です。

リング上の主役は、あくまでも命をかけて戦うレスラーです。リングアナの僕は脇役ですから。

余談ですが、格闘系は、なぜ入場時のほうが退場時より声援が大きいのかご存知でしょうか。

リングで選手の入場を待つ立場の僕の解釈は、命や名誉を含め、全てを失うかもしれないリングに向かう「勇気」と、苦しい「準備」に対しての大声援ではないかということです。

リング外であれこれ言うことは誰でもできます。

しかし、皆に見られているリングで、全てが丸見えの状態で戦うのは、誰もができることではありません。僕は、そういう意味で選手たちへの敬意を持っていますから、選手でもない自分を目立たせたいとは全く思いません。

このように、**初対面のコミュニケーションの大半は、意識の持ち方ひとつ**なのです。それが、言葉の端々や、ちょっとした所作に出ます。

僕は「コミュニケーションが苦手なら、うまい人の打ち合わせ現場を見せてもらうと良い」と考えていますが、これは日本ブラジリアン柔術連盟会長の**中井祐樹先生**（ヒクソン＝グレイシーとも闘った方！）の、以下の考えを見習ったものです。

選手に指導しているところ、選手が教わっているところを第三者（指導者でも選手でも）がそれぞれの視点で見学することには、すごく意味があります。

教える側も、教わる側も、第三者も、意見を交換することで学びが深くなります。

ぜひお試しください。

❸ 人の心をつかむ所作

まず前提として、良くも悪くも、人には2タイプあります。

五・一五事件（1932年）で殺害された犬養毅《つよし》首相ではありませんが、

「話せばわかる」タイプと、

「問答無用」タイプ

です。

後者のタイプとは、仕事上、無理に会ってコミュニケーションをとる必要はありません。メールのやり取りなどで、来た依頼をきちんと果たせば、きちんと評価され、次もまた仕事が来ます。何も心配ありません。

ご存知のように、話すことだけがコミュニケーションではありません。立ち居振る舞い、気遣いなど有形無形の所作は、とても大事です。

小技のように見えるかもしれませんが、以下に書いていきます。

❖ 財布の中身

財布を見ると、中身に一定のルールがなく、お札の向きがバラバラの人が意外と多いですよね。

僕は、折らなくてすむので長財布にして、開いた左側に一万円札、右側に手前から千円札、二千円札（話のタネに一枚のみ）**、五千円札の順に向きを揃えて並べています。手前は折れ目の入っているお札、奥は全てピン札です。**

電子マネーのチャージやチェーン店以外、ピン札で支払います。

もちろんカードで決済したって良いと思います。ポイントとともに利用額に応じて信用もたまりますから。

ただし、**サッとピン札で支払ったほうが「目立つ」のです。**

それに関連して、長財布をわざと持ち歩く大きな理由があります。

❖「雰囲気あるな」

僕たち「予備校講師」と呼ばれる職業は、世間的にかなり低く見られがちです。大学教員のように権威もなければ、幼・小・中・高の教員のように免許もない。塾の先生なら経営者や会社員という信用があるが、それもない。

揶揄《やゆ》される際に「チョーク芸人」と言われることもありますが、それは芸人さんに失礼というもの。まあ要するにキワモノ枠の職業です。

自分の職業を一度も恥ずかしいと思ったことはありませんが、そのように見られているという自覚はあります。完全な見世物商売です。

その代わり、成功すれば正規の教員や会社員よりも圧倒的に報酬は高く、大学の学長より稼げます。

ならば、僕らは「フリークス(怪物)」であり、「ズーランド(動物園)」でいいじゃないか、と個人的に思っています。

返り討ちにしてしまうので襲わないで頂きたいのですが、僕はいつも財布の中に70万円は入れています。そして、接待される時以外は、ピン札で全額払います。割り勘など、よほど特殊な場でない限りしません。

断られそうになったら、キラーワードがあります。

「たまには自分にも格好つけさせてください」

「うわ、予備校のトップ講師ってやっぱスゲえな」

「雰囲気あるな」

と思わせてナンボの商売だと思っています。

極端な例ですが、これもまた所作なのです。

プロにとって「雰囲気あるな」は最高の褒め言葉です。

2つの例をあげましょう。

❖高級クラブの「いやらしさ」がない気遣い

あるコンサルティングファームで講演を依頼された時、同じく空手経験が長いことから意気投合したパートナー（役員）の方に、「六本木で一席設けますよ」と言って頂きました。

個性的な焼肉店で食事した後、路地裏の、入口が分からないセキュリティだらけの建物にスッと入っていくと、突然目の前に大理石の階段がある巨大フロアが現れました。

ドラマによく出てくる「高級クラブ」というものです。

ここで1つ学びがありました。

僕がそれなりに話題になった新刊を出したばかりだったので、役員さんが「売れっ子の著者さんなんだよ」と、ホステスさん相手に持ち上げてくれます。

何人か入れ替わりで来たドレスの女性たちは、その話を聞いた瞬間、スマホで調べて当たり前のように**「全員その場で僕の著書を買う」**のです。

「いや、悪いですよ……」と遠慮すると、

「いいえ、私も勉強になる内容なので お気遣いなく。必要ないなら買いません、お客さまみたいな方には、お義理で買っても見破られますから（笑）」

という返しで、いやらしさのかけらもない。役員さんの顔も立つ。

なるほど高級店だ、**「雰囲気あるな」**と感心しました。

❖ わらしべ長者のように発展

2018年の秋、初めての新書を出した時のことです。

当時は幻冬舎の文庫編集長だった袖山満一子さんの紹介で、大阪の心斎橋にあったスタンダードブックストアで、本物の芸人の房野史典さんと「チョーク芸人」の僕でトークイベントを行いました。

そこに大阪日日新聞さんと、京都の雑誌『Leaf』さんが取材に来られました。

この後いったん閉店し、2020年4月に天王寺で復活するスタンダードブックストアは、イベント系の名店です。名物社長の中川和彦さんはどんな人だろうと思いつつ、たまたま早く着いたら、店内のカフェの一角で、本を数冊横に置いて読んでいる、50代くらいの、圧倒的に読み姿が**「雰囲気あるな」**と思うお客さんがいました。

調べていないので、お顔は存じ上げていませんでしたが、これが中川社長だ、と一発で分かり、自分の眼力を信じてあいさつをしに行きました。

「伊藤賀一です、今回はこのような機会を頂きありがとうございました」

「おお、よう分かりはったな、中川です。今日はよろしゅう」


終了後、その日の打ち上げから朝3時半まで飲んで意気投合しました。

冬にかるたイベントをやったり
↓そこに偶然来られていたABCラジオのプロデューサー沼田慎一郎さんから、ラジオ『秘密結社大阪ぴかぴか団』に呼んで頂いたり
↓パーソナリティで山形県出身の後藤ひろひと(大王)さんが偶然山形県出身の義姉の友人だったり
↓他社から別の新書を発売した時に店外のスペースでトークショーをしたり
↓そこに来られていた中川社長の知人の河内小阪の栗林書房さんでイベントをしたり

↓そこに来られていた栗林社長の知人の鶴見緑地の平和堂書店さんでイベントをしたり
↓『Ｌｅａｆ』さんの編集部からの紹介で京阪電鉄の『明智光秀七不思議帖』冊子の監修をさせて頂いたり
↓そのご縁で京都のラジオ局α-ＳＴＡＴＩＯＮさんのＭＯＲＮＩＮＧ ＳＰＲＩＴＥに誘って頂き、パーソナリティの前田美幸さんと知り合ったり……

というふうに**「わらしべ長者」の如く仕事がつながりました。**

それは、僕がスタンダードブックストアの中川社長の「所作」でできた雰囲気を見抜き、向こうもこちらの「所作」を気に入ってくれたからなのではと思っています。

そして、それ以前に、袖山満一子編集長と、彼女の編集で書籍を出したばかりの房野史典さんにつないでくれた、僕の幻冬舎の担当編集である鷲谷草詩さんの行動力と、それを受け入れてくれたお２人の「所作」。

誰もお金が欲しい、時間がない、などと一言も言わなかった。そんな**「所作」ひとつで、仕事は途切れないものです。**

❹ 人を射抜くキラーワード

この単元では、僕が言われ、射抜かれたことのあるキラーワードと、僕が言ったことのある「魔法」の言葉を列挙します。ぜひご自分で応用され、どこかで使ってみてください（結果に責任は持てませんので、あしからず……）。

さすがに自分が褒められた言葉を載せるのは、これまでの著書で最も恥ずかしいのですが、くれぐれも「自慢しているわけではない」のでご了承ください……。

前提として、**人は「自分自身」を論じられるのが好き**であることと、**的確に褒められて嫌な気になる人はいない**というのは、大事なポイントです。

「先生はいずれ出て来られました、私のこれ（本）がなくても」

——中経出版（現KADOKAWA）山川徹さん——

10年前、初の著書を依頼して頂いた、当時の学参編集長。常に感謝しています。僕は1を100にする自信はあっても、0を1にする難しさを知っているからです。

「先生は、楽しむ力がすごい」

――(株)コルク〝カリスマ編集者〟佐渡島庸平さん――

僕は、この人に会った時「こんなに頭ええ人がこの世の中におるんや」と正直思いました。頭の中まで関西弁になっている時は、本音中の本音。そういう人に褒められたことが嬉しかった部分も大きいかと。しかし、的確です。

「いいんですよ。それが本当のプロデューサーなんです」

――バラエティプロデューサー ヨウイチロウ(角田陽一郎)さん――

ある仕事で、金銭に限らず露出的にもあまりの好条件だったので、「これじゃあ僕が一方的に得するだけじゃないですか」と言った時のお返事です。「偽物」とまで言わないが「似せ物」が多い世の中で、「本物」であろうと独自路線を進む人です。

「伊藤賀一以前と伊藤賀一以後に、この会社の歴史は分かれますよ」

——スタディサプリ現代文講師 小柴大輔先生——

ある現場で一緒だった時にかけて頂いた言葉。自信になっています。知人の中で言語能力が最も高い方です。「関西人は関西人以外の面白さが分からない」と言われることもありますが、僕は少なくとも静岡県出身で横浜にお住まいの小柴先生は「ツボ」です。

「勝ち負けより、敵ながらあっぱれ、と思われることが大事だと思うんですよ。今も昔も」

——田端信太郎さん——

スタートトゥディ執行役員をされていた2018年、NEWSPICKSアカデミア主催『幕末史から学ぶサラリーマンの生存戦略』対談でご一緒した時に出てきた言葉です。日本史&現代社会講師のこちらのほうが「なるほど」、と思わされました。さすが。

「先生は、関わられた仕事は、一部分だけじゃない、入口から出口まで、誰よりも深いコミットで、持てる縁や知識やリソースを惜しげなく投入される方。だから、皆が先生とまた一緒に仕事したい、という絶対の信頼が後を絶たないんだと感じます」

――ウーマンズ リーダーシップ インスティテュート株式会社代表取締役 川嶋治子さん――

日産財団&早稲田大学共催『学校のイマ・ミライ』で講演者と司会者としてご一緒した後に。「褒めすぎです」と伝えたら「本音です。私、うまくお世辞が言えなくて、思ってないことが言えません（笑）」と返しも完璧。

平安貴族の世界で徹底的に避けられる「鄙《ひな》び（田舎くさくあかぬけないこと）」の対となる「雅《みや》び」なやり取りができる、華やかなコミュニケーション強者です。「今回は素直に褒められておきます（笑）」と返しました。

最後に、こちらはオマケです。

「それ、左手で飲めない？」……バーで右隣に座る某女性からの一言。その後、空いた右手を握られました……。

なぜ既婚者なのにリスクを取って書かないといけないのか、と思われたことと思います（「お客が喜ぶなら何でもする」のがプロだからです、と書きながら少し文字を打つ手が震えていますが、今や誰も握ってくれません)。

さて、次に僕が発した言葉です。こちらもなかなか際どいかもしれません。**「絶対に出し惜しみしない」のがプロ**だからです。

「1つ褒めていいですか?」……人に機嫌よく話を聞いてもらう際の枕詞

「~~。褒め言葉です」……ある程度厳しいことを言わねばならない時の締め文句

「あなたと話してたから思いついたんですが」

……「今、思いついたんですが(ジャストアイデアですが)」の忖度的発展形

「一緒に伝説をつくりましょう」

……初めて仕事をする人と連帯感を一気に高めたい時

「逆転した時○○さんがいなかったからと言われたくないので活躍していてほしいです」

……「上が詰まってて大変ですね」と同情された時

「うーん、たぶんないですね。だって何か1つでも欠けてればこうして話せなかったってことでしょう？　今日お会いできてうれしいですから、自分は」

……「後悔されてることはありますか？」と取材で聞かれて

「いちいちローマ法王にもクレーム入れてるんですか？」

……「影響力強いんだから、本当かどうかはっきりしないことを断言するな」というTwitter上のクレームに対して

こんなに手の内を明かしていいの？　次から話す時に困るのでは？　と思われたかもしれません。そもそも全てアドリブで、この本を書くために無理に思い出しただけですから、大丈夫です。それに、今日の僕に明日の僕が負けるとも思えませんので。

❺ 気づかずに踏んでいる「3つの地雷」

突然ですが、**「その犬メスですか？」**と、平気で飼い主に聞く人は、フリーランスに向いていません。

「お宅のワンちゃん、女の子ですか？」と瞬時に言い換える訓練をしてください。でなければ今後、あらゆる場面で地雷を踏み、なぜ仕事が来ないいんだろうと悩むことになります。

それはまるで、新宿駅や天王寺駅で新幹線を待っているのと同じです。

「来ないなあ」「来やへんな」ではありません。来るはずがない……冗談はさておき、3つの典型的な地雷を展示しておきます。

「担当者の上司とつながりたがる」

江戸時代なら処刑です。

代表越訴《おっそ》型一揆といい、例えば代官を飛び越え殿様に訴えることは、代官に恥をかかせたことになり、村の代表者が磔《はりつけ》になります。

「メールの返信が遅い」

フリーランスからのメール返信は、12時間以上後だと導火線に火がつき、24時間で爆発すると心得て頂きたいと思います（実際この通りなのです）。

しっかりした返事ができない時でも「とりあえず返信」をすぐしておくのは、常識です。

考えてみてください。「ちょっと」と呼ばれて丸1日返事をしない人はいません。いたら事実上の宣戦布告です。

ただし、これが逆の場合はたいてい許されます。仕事のお金を払う「客」は依頼者ですから。相手が年下かどうかは関係ありません。

「本当のことを言うと人は怒る」

「よくも嘘つきやがったな」より、「よくも本当のことを言いやがったな」のほうが腹が立つものです。

ほとんどの場合、**「確かに正しいが、お前が言うな」**だったりします。

5章《第5のツボ》

仕事が途切れない人の「お金とプロ意識」の法則

❶「ギャラが安い」で断るのは2回目から

人はボランティア活動は有意義と考え、報酬がなくてもマイナス評価はされません。なのになぜゼロや安いギャラで仕事を受けると赤の他人にまで叱られるのかは謎です。**安く受ければ、ギャラの高いライバルは少なくとも消える**し、仮に「利用されたな」と思ったら、次に断ればいい。そうすれば、「利用されたが次は断った」という経験値がつき、他人の相談を受けた際にアドバイスできるのに、と僕は考えています。

個人的には、「利用しよう」と思って安いギャラやノーギャラでこき使おうとする人を、ほとんど知りません。たいていは「チャンスを回してあげよう」という善意でしょうし、そんなギャラでほいほい仕事する人に、「利用する」価値などあまりないからです。

絶対に必要な人なら、それなりのギャラを払うはずです。安いあるいはノーギャラということは、多くの場合、「予算は出ないけどこういう場所がある」と知らせたい「サークル活動的な感覚」なのでしょう。

そこまで悪気があるとも思えないし、**嫌なら断ればいいだけの話**です。大した問題じゃありません。高い仕事と安い仕事のバランスも、深く考えなくていいと思います。同じような仕事なら**高いほうがいいに決まってます**から。

僕は人生でギャラの交渉を一度もしたことがありません。すべて言い値で受けてきました。言っても変わらないだろうし、言って変わるようなら舐められてる証拠なので、次から断ります。

とはいえ僕も、契約の席で何も言わないわけではありません。次のように言うことがあります。

「1つだけ条件いいですか？　**このギャラを払うだけの価値がない、と思ったら温情かけず切ってくださいね**」

❷ テンションをいかに保つか

講師としての僕の仕事は、受験生を応援すること、すなわち応援団です。元気のない応援団や、仏頂面のチアガールに励まされたい人はいません。**客前では常にゴキゲンでいること**は、プロとしての最低ラインです。楽屋裏は、お客には関係ありません。

僕は「見られる側」の仕事を選んだからには、どんな孤独にも耐えてみせる、と自分自身に約束しています。

「どうやっていつもテンションを保ってるんですか？」とよく聞かれます。

やはり、自分を奮い立たせてくれる人を、身近な存在とすることじゃないでしょうか。

僕は「女子プロレスの横綱」**里村明衣子さん**を心から尊敬しています。彼女は、中学時代にレスラーを志し、卒業とともにスーパースターの長与千種さん（クラッシュギャルズ）に弟子入りするため新潟県から神奈川県に来て、『GAEA JAPAN』に入門。厳しいトレーニングを経て、当時最年少の15歳でデビューを飾ります。

同じ年、当時最年少の22歳で東進ハイスクールの採用試験に合格した僕は、「業界は違えど同じく最年少の人がいる、いつか仕事で会えるようにがんばろう」と常に意識してきました。

その後、互いに紆余曲折があり、35歳と42歳の時、僕のCS放送の対談相手に指名することで、ようやく会えました。

正直に話し、すぐに意気投合し、今では色々とご一緒するようになりました。センダイガールズ社長を兼任する彼女に比べたら、僕なんかまだまだ……そう思えるような人を、皆さんも見つけられると良いと思います。

③「この人にはたくさん払ってでも」と思われる条件

これは、「モテる秘訣」と同じです。フリーランスは、老若男女の依頼先からモテなければなりません。

僕個人としては、「自分の好きな人から好かれる」ということ以外、何の興味もないですし、幸いその経験がありますから、すでに人生には十分満足しています。

「好きな人にどう思われるか」がすべてなので、誰に嫌われようが何とも思いません。

何かを決めたり行動したりする時に「あの人はどう思うだろう」と考え、「あの人が嫌がることはしないが、良いと思うであろうことは何でもする」と、単純明快です。

これを仕事人の自分に当てはめると、「お客から好かれる」ということ以外、何の興味もなく、「お客にどう思われるか」がすべてです。

こんなに客目線・客基準で物事を考えていれば、そうそう嫌われることはありません。

ここまでが、大きな話。では、小さな話をしましょう。

忙しい人のほうがモテます。特にフリーランスの場合、ヒマ人＝能力が低く需要がないと見なされます。忙しい売れっ子なのに、何とか自分の仕事を受けてくれる、という状態が、依頼者からすれば快感なのです。

また、**「仕事ありませんか？」等と連絡しない人のほうがモテます。**なぜか？

相手（依頼者）が必ずゴキゲンなのは、「自分が（フリーランスに対して）連絡したい時」です。そのタイミングでしかコミュニケーションしないということは、**向こうが一番盛り上がってるタイミングで話せる**ということです。

複数の本気の相手（複数の本業＝「複業」の相手）を持っておけば、仮に向こうが月イチしか連絡してこなくても、こちらの感覚では結構な頻度で誰かしらの相手をしていることになります。30の取引先があれば、毎日連絡が来る。それも最高にゴキゲンな相手からモテモテ。これが「仕事が途切れない」ということです。

すぐには無理でも、ぜひこういう状態を作りたいものですね。

④「プロ中のプロ」から学んだこと

野球やサッカーの打率やゴール数などと同じように、数字がはっきり出ているにも関わらず**「なぜあんなのが売れてるのか分からない」**と言われがちなのが、ビジネスの社会です。少々厳しい話になりますが、これは**「差が分かるレベルに達していない」**ことが原因です。

総合力で日本ナンバーワンの受験講師は、スタディサプリ英語科の**関正生先生**です。著書の刊行点数も発行部数もすごいですが、教えている有料生徒数が日本一なのと、家庭や学校で親や教員まで視られる授業のアンケート結果の次元が違うのです。

僕も「日本一生徒数の多い社会科講師」と言われますが、理系どころか看護系まで生徒さんを総取りできる英語科には全く敵いません。

また、離脱率の低さであればいい勝負をする可能性が残りますが、アンケートや、日本の教育への影響力に関しては、白旗です。

僕は、映像と「生」のギャップが激しいタイプですから、よけいに差がつくでしょう。僕や、同じ英語科の肘井学先生なら、関先生との差は分かります。おそらく、他の予備校のトップ講師の方々も分かると思います。「ある部分での勝ち」に自信はあっても、動かしているものの大きさや相手が全然違うわけです。

もし、これが分からないなら、講師としての能力もビジネスパーソンとしての能力も疑問です。

例えば、落合陽一さんや堀江貴文（ホリエモン）さんなど、圧倒的に売れ続けている「本物」の才能は、従来からのあるものを**「否定している」ように見えて、「アップデートを促している」**状態です。

厳しいダメ出しは、極端なことを言えばフェイクというか、全否定ではなく、ドイツ観念論のヘーゲルらがお得意の弁証法に近い手法でしょう（僕は倫理の講師でもあり、そう感じます）。テーゼ（正）に対しアンチテーゼ（反）を提示して、アウフヘーベン（止揚）が起こりジンテーゼ（合）に至る。

ある程度の位置にいれば、嫉妬などせず冷静な頭で理解できます。

「あいつと同じ立場なら自分だって」と思っていても、**「その立場に行くまでに、その人がどれだけのことをしてきたか」**が想像できないレベルじゃ、正直しんどいです……。

「ローカルなエリアでの勝負なら自分のほうが」等と言う人もいるのですが、全員が目指せる「メジャーのリング」のチャンピオンが、なぜわざわざローカルに行った前提で話をしているのかなと思います。

新時代のトップを走る人間は、誰もやってきたことのない規模感やシステムの中でやっています。最先端にいる当事者ですら、初めて知ることばかりなのです。

まさに「仕事の次元が違う」わけです。同じ条件で競いたいなら、まずはメジャーのリングに行くことが先決です。

⑤ メンタルと体力を整える方法

少し方向を変えて、**簡単に意識できる総合的な健康法**の話をしましょう。

フリーランスや副業で土台となる能力は、まず体力です。その上に、最も重要なコミュニケーション力が乗るイメージです。

30年間働いてきて、様々な方法を試してきました。個人差はありますが、ご参考になりそうなものを選び紹介します。

まず、睡眠について。

僕は全然守れていませんが、不安から電気をすべて点けっぱなしで寝ることは避けたいです。

寝る時は寝る、と割り切りましょう。

次に、体の左右や上下、裏表の**バランスを意識**します。

僕は4歳から空手を、それ以降も水泳や柔道、社会人になってからはボクシングなど、色々なスポーツを経験しているので、トレーニングの仕方は普通の人よりは詳しいです。陸上と体操も少しかじっているので、総合的にバランスよく鍛えるのは得意です。

例えば、木刀やバットの素振りをするなら、右と同じ回数だけ左も行う。

上半身だけ鍛えるのではなく下半身もスクワットをする。

例えばダンベルを順手で上げたなら、次は逆手で。懸垂も同じ要領。

この考え方を応用すると、腕立て伏せ一つとっても、変わります。

肩幅より広いパターンと狭いパターンなど、とにかく**バランスを意識して総合的に行う**。それが**メンタルを整えることにもつながります。**

飲み物は、僕はフルッタフルッタのアサイーと、アサヒ緑健の緑効青汁を常飲しています。他にも、豆乳でタンパク質を摂る、カフェインを過剰に摂らないようにする、仕事上の付き合い以外ではアルコール類を避ける、清涼飲料水を避ける、と色んなことを意識しています。これもバランスです。

食べ物は、肉や魚には必ず野菜や乳製品を付ける、ヨーグルト（無糖）を食べる、油物を極力避ける、ラクトアイスやアイスミルクではなくアイスクリームを食べる、等をバランスとして意識しています。

フリーランスは、どうしても仕事の打ち合わせでカフェや喫茶店に行ったり、接待で食事などの機会が増えます。

人の見ているところでは人に合わせる必要も大いに出てきますから、その分、**誰も見ていないところでは節制**することが大事です。

一見、アスリートのようなことを書いていますが、フリーランスのイメージは、アスリートと同じだと考えて頂ければと思います。

今回、執筆のために普段の行動を整理してみましたが、ここに書いたようなことは、いちいち意識せず自然体で行っています。

エスカレーターは使わず階段、風呂上りに最低限のストレッチと筋トレ、1日1度は壁を背に真っ直ぐに立つなども、習慣としてやっています。

自宅や仕事場には大量の筋トレグッズがあります。フリーランスは自分自身が商品ですから、見た目を整えるのは、当然なのです。

6章《第6のツボ》

次につなげるための
スキルアップ術

❶ 打ち合わせでは「次の仕事の話」をしよう

僕は、徹底的な単独フリーランスを売りにしていますが、5年前に、半年だけマネジャーさんと契約したことがあります。気乗りしなかったのですが、「マネジャーさんがいたことがある」というのも1つの経験だと思い、仕事は1人で頂けている状態のまま、とりあえずスタートしました。

僕のマネジメントをしてくれたのは、誰でも知っている俳優さんのマネジャー経験もあるTさんです。結論からいえば、僕の未熟さから申し訳ないことをしました。現在も付き合いは残っており、普通に会ったりして人間関係としては良好です。単に、僕がマネジメントされることに向いていなかったのです。

まず納得いかなかったのが、僕の名前だけで入ってくる仕事が、他人に管理されてしまうこと。

僕は「交渉事を楽しむ」ところがあるらしく、自分で行きたくてしょうがない。せっかく相手方の事務所や、知らないカフェや、普段降りない駅などに行けるチャンスなのに……。大人の社会見学の機会を奪われて、つまらない！

さて、契約を解除するきっかけは、僕が取ってきた仕事の打ち合わせに行ったTさんが、その仕事の打ち合わせだけをして帰ってこられたことでした。

「信じられない」と思い、一発で解除……なぜだと思われますか？

初対面の打ち合わせは、「次の仕事の話をする」場所だからです。

依頼が来た仕事は、すでに決まっている仕事です。わざわざ出かけていくならば、なぜ次の仕事を決めてこないのか？　きつい言い方かもしれませんが、「ガキの使いやあらへんで」と思ったわけです。

実は、本書は、青春出版社の村松さんから僕の公式ＨＰに頂いた、全く別の一般書の依頼がきっかけで生まれたものです。

僕はやる気マンマンで、打ち合わせに向かいました（タクシー車内からよく見かけていたので、入りたかった建物なのです）。

お会いして、しばらくはその書籍の話など様々な話をしながら、ふとアイデアが浮かびました。完全単独フリーランスの僕が、なぜここまで大量に仕事を抱え、気絶寸前に追い込まれているのか。仕事の依頼が毎日のように来て、その関連のメール返信だけでも大変なのです……。

話をしていて、非常にフィーリングが合うというか、話せば話すほど思考が整理されていくタイプのお相手でした。思いつくまま、仕事が途切れない秘訣を話していくと、熱心にメモを取られています。

どんどん話しているうち、どちらからともなく、

「あの……こっちを先に書いたほうが良さそうじゃないですか？」

となりました。

その後、新書として企画を通して頂き現在に至ります。

これは自分にとってそう珍しいことではありません。

確かに、順番まで逆転するのはまれですが、初回の打ち合わせで「次の仕事」の話をして、最初に受けた仕事に取りかかる前に「次の仕事の企画」が社内で通っているのは普通です。このほうが精神的に落ち着きます。

常にワンチャンスではなくツーチャンス。
次の打席が保障されているからこそ、思い切りフルスイングできる。

これが「仕事が途切れない」最大のメリットなのです。

❷「敵からも仕事が来る」とは？

実は、誰かと一旦は対立したとしても、**ずっと「敵」状態ということは少ない**です。そのうち一方から打ち解けて、もう一方もそれならと矛を収めるというパターンが多い。もしくは、どちらかが叩き潰されてしまい、二度と出会わない。僕は双方の経験がありますが（潰されたことはありません）、いつしか和解しているのが普通です。

そもそも、なぜ対立が起きたのかといえば、一方がもう一方のレベルに達しておらず未熟で、理解が追いついていないことが主な原因です。

自分の業界の例で恐縮ですが、『世界一おもしろい○○』という題で一般書を出版したとします（してますが）。さらにオビに写真も付けて「カリスマ講師」と書いて頂いた。出版されれば、頼まなくても自然に拡散してくれる同僚がいます。

これらは、著者が決めることではありません。すべて編集担当者さんの管轄であり、同僚の厚意です。しかし、これが面白くない未熟な同業者が、

「どこが世界一おもしろいんだ、大げさな題名つけて」

「カリスマ講師とか自称してんじゃないよ」

「調子に乗って写真まで載せて、承認欲求強すぎ」

「スタサプ講師同士で慣れ合って宣伝し合うとは」

と嫉妬し叩いてくる。

ところが。未熟だった同業者も、それなりの場所でそれなりにがんばっていれば、学参（学習参考書）の依頼が来ることもあります。執筆開始！

テキストや模試に比べ、世間の目にさらされることもあり、意外と執筆がしんどいことが分かり
↓「完全制覇の○○」などという題名がつき、本人もそう思ってるから大それた感じに思わず
↓「スーパー講師」と書かれた、照れ臭そうで嬉しそうな写真がオビに載り

↓本人は初の出版に大はしゃぎで、同僚の講師たちとお祝いの大宴会
↓受験前にも関わらず、その様子をTwitterにUPして生徒はドン引き
↓以前の僕と同じように、どこぞの残念な講師にバッシングされる

という香ばしい1セットを経験すると、人間が丸くなってくるのです。ちなみに僕は、生徒が頑張っているのに、講師同士で酒を飲んでいる画像などUPしたことはありません（そもそも飲みませんが）。

まあ、それでもようやく気づきます。

「人目にさらされるって、意外と大変なんだな」

と。これが偶然、一般書なんて出せた日にはどれだけ舞い上がることか……と心配になりますが、とにかく未熟なんですね。

それでも、苦労して1冊は出した。同じことを経験済みのこちらからすれば、

「青いが、好ましいな」

とも思います。

その本が、仮にものすごく売れたのならば、**「敵ながらあっぱれ」**とまで思われる可能性もあります。さらに、何かのきっかけで和解状態になった時、その「敵」に仕事を紹介してもらったり、紹介したりする可能性もあるのです。

フリーランスは、一時的に誰かの「敵」になることを怖れないほうがいいです。あくまでも優先順位は、礼儀をわきまえた真っ当な「お客」であり、それ以外の人や会社に嫌われても、ひとつの大きな経験値、いや、武勇伝になります。

僕は、**あからさまに「舐められたな」と思ったら、必ず叱るか辞めるか**を心がけています。ただ、双方の事情もあるので、どうしても今は言えないのなら、言って良いレベルに上がった時に必ず言います。

「舐めとりましたね」

言うとどうなるか。「敵ながらあっぱれ」、いや「味方ながらあっぱれ」となります。これでそこからの仕事は、おそらく途切れることはないでしょう。

❸ 他業種のプロに任せるところは「任せ切る」

他のページでも書いていますが、**「限られた枠内で結果を出し続ける」のがプロ**です。「限られた枠」がないのがアマチュア、とも言えます。

その「枠」は「自分の仕事の範囲内で」という意味でもあります。本書でいえば、僕は著者です。題名やページ数を含む編集方針、表紙のデザイン、書店での展開、新聞広告などに関して、一切口出しをしません。

当たり前のことなのですが、これを理解していないフリーランスはものすごく多い。

逆に考えてみてください。デザイナーさんが本文の内容に意見してくる……？

ありえないですよね。

言い換えれば、**「依頼者や仕事仲間に恥をかかせない」**ということです。

僕は、書籍が完成したら、なるべく担当営業さんや広報さんにごあいさつをする機会を作ってもらい、直接御礼を言うようにしています。

勝手に「枠外」行動をして地雷を踏みたくないからです。デザイナーさんやイラストレーターさんとも、Twitterで積極的につながったりします。出版後にお互い同じ書籍を拡散し合いますから、気づくのが普通ですから。


実は、これにはもう1つ理由があります。利害関係者を、別々の部分から多数知っておくと、**「誰かがこちらには直接言わないが、抱いている不満（どうやら少し地雷を踏んでいるようだ）」を聞き出すことができる**のです。

さらに、**自分の競合がいるか、いるなら誰あるいはどんな会社なのかを知ることもできます。**

これは違法ではありません。仕事が途切れないための、積極的な防衛策なのです。

④「やってる間にうまくなる」という方法

フリーランスにとって、

「いざという時のための資格はあるけど開店休業」

「やってる間にうまくなる」

の2タイプは、将来的にどちらの仕事が途切れないと思いますか？


答えは、圧倒的に後者なんです。

そもそもフリーランス＝傭兵です。「現在依頼している仕事に関しては」スペシャリストであってほしい。進行管理などゼネラリスト的な能力は、依頼者側が持っておくべきものなのです。

「いざという時のための資格」は、今は「いざ」ではないわけですから、おそらく取りっぱなし状態で、ブラッシュアップされていないですよね？
それでは意味がないのです。その資格で一人立ちできるくらいのレベルがない限り、依頼者は現れません。資格をたくさん持っている本人は「器用貧乏」だと思っているかもしれませんが、じつはただの「貧乏」になってしまう怖れがあるのです。

でも、資格すら持っていない人が、どうやってジャンルを広げていけばいいの？と思いますよね。

「すべての卵を1つのカゴに盛るな」という有名な経済学の格言があります。リスクを分散せよ、という意味です。

ポイントは2つあります。
1つめは「**自己認識**」です。自分の売りは何か、すなわち「**なぜ依頼者は自分にこの仕事を振ってくれているのか**」の**認識**です。東大生というブランドがあるからか（西岡壱誠さん）、スタディサプリ講師として背後に多数の想定読者が控えているからか（伊藤賀一などスタサプ講師）、ギャラが安くてフットワークが軽いからか（多数のフリーランス）……等々。

ここを間違えると、その「売り」を平気で捨ててしまうことになります。西岡さんは東大にいるべきで、僕はスタサプにいるべきで、多数のフリーランスはギャラ交渉をせず、ウィズコロナだからと地方に引っ越さないほうがいいのです。

もう1つは、良い依頼者に巡り合うことです。

多くのフリーランスが勘違いしている点なのですが、大事なのは、「するか、しないか」であって、**「できるか、できないか」の判断は依頼者がすることなん**です。

依頼があったということは、依頼者が「キツいだろうけど、この人にこれを依頼してあげよう」と判断したということです。**「できる」と思ってくれている、ということなんです。**ならば我々は、全力でその期待に応えようではありませんか！

依頼者の眼力を信じて真剣に取り組む。それが、一見地道でも、仕事が途切れない秘訣なんです。

❺ 帰りのエレベーターホールや玄関で決まる

「いいですね、チャンスが多くて」と言われることが多いです。

確かにそうですが、言ってくれる人にチャンスが少ない理由は手に取るように分かります。**せっかく打席に立っているのにバットを振らないから**、です。

ライターさんを例にとりましょう。出版社の中なんて、素人がそうそう入れるわけではありません。打ち合わせで入れるのは大チャンスです！

なので、せめて3回はバットを振ってください。出場できなくて（出版社に立ち入れなくて）、共同オフィスや自宅でバットを振ってる人は星の数ほどいるんですから。

1球目は、**打ち合わせで訪れた際の玄関**です。

玄関は、出版社の関係者が、日中ならたくさん通ります。何度も行っているのなら、以前仕事を振ってくれたが最近音沙汰のない編集者、一緒に仕事したことのあるデザイナーさん等、いくらでも「顔見知り」という球が飛んでくるのです。

2球目は、**帰りのエレベーターホール**です。

偉い人の見送りはエレベーターまでが普通です。その瞬間が勝負！

「編集長、そのネクタイ、ブルックスブラザーズですね。僕も色違い持ってます。でも、そっち買ったほうが良かったか……」

「おお、よく気づいたねえ。僕は昔から好きでね。最近してなかったけど……」

ファウルチップ。しかしよく当てた。次回はもっといい球が飛んでくるかも？

3球目は、**帰りの玄関で**振り返りながら。

「今日はありがとうございました。また何かあったら言ってくださいね」

「ああ、そうそう、そういえばこういう企画が動き出してて……」

カッキーン！　これで仕事は途切れません。

7章《第7のツボ》

会社にいた時とは大きく違う！
最強のトラブル管理術

❶ ヒマな人が世界最強&最凶

最終章は、トラブル管理術です。

ということは……ネットです。

いやもう、あることないこと書かれて、何もしていないのにデジタルタトゥー状態なのです……。

例えば僕の名前「伊藤賀一」でYahoo! 検索してみてください。結構上位に「伊藤賀一クビ」と出てきますが、それはクリックしないで頂けますか?

僕はこれまで、あらゆる取引先で、最終的にクビになったことはありません。それだけが自慢なのに……。

僕を知る人であれば、「まさかあの人はクビになんかないよね」と思っているからこそ、ビックリしてどんどんクリック。でも、いくら掘っていってもそんな事実は書かれていません。

あと、ＳＮＳをやっていれば、Twitter ならいわゆるクソリプ（クソのようなリプライ）が汚物のように飛んできます。ちゃんと読んだのか？　と思うほど言語能力が足りない人がほとんどで、相手をすると本当に疲れるので**「スルー」一択**です。

少しでも構うと、**ヒマな人が世界最強＆最凶**ということを証明しにかかってきますから、皆さんも完全スルーで行きましょう。

少しでも炎上、もしくは炎上しそうになった時、大事なのが「必ず明るく味方してくれる仕事関係者」です。家族は当然なので、あまり癒しにならない。

外にも味方がいる、という意識を持てれば本当に心強いです。

以前、同業者たちが、（僕には）そういう意図はないことを常識的に分かっているのに、わざと僕を炎上させようとしたことがありました。

「こんなツイートは間違ってる、多くの受験生の目に触れるから消すべき」と言いつつ引用ＲＴ（リツイート）して、結果的に自分の生徒にも、わざと広める。

言ってることとやってることが完全に矛盾しているサイコパスなのですが、とても忙しく、何冊もの書籍の〆切が同時並行している時期だったので、対処がしんどかった。

その時、「この人なら」と電話したのが、KADOKAWAの関由香さんでした。

彼女は、絶対に担当著者の味方をしてくれます。編集者としての「所作」が完全にできている人です。もともと波長やセンスが合う、と勝手に思っていたこともあって、用事があるフリをして連絡しました。

「えー、そうなんですかー。そんなのタダの嫉妬とかでしょう。あはは、大変ですね、有名になると(笑)。ほっときましょう、ほっときましょうよ、大丈夫大丈夫。あ、そういえばこないだ○○が先生のこと□□だって褒めてましたよぉ……」

という感じで、とても気持ちが楽になり、ますます信頼するようになりました。


ネットトラブルは、先方が急に反省して謝ってくることもあります。

その場合はどうするか？

「謝られたら許す、しかし忘れない」です。

攻撃したり謝ってみたり、精神的に落ち着いていない相手だということですから、水に流しても、しばらくするとまた勝手に火がついて攻撃再開、ということは多々あります。そういうことになった時の構えだけ取っておけば、気持ちが楽になります。

最後に。

謝ってこない人は?

面が割れていれば、さまざまな手を使い、どれだけ時間がかかっても叩きのめす。当然です。

そのくらいの気の強さがなければ、フリーランスなど、やっていけません。

❷ 軌道に乗ったら気をつけたいこと

フリーランスとして軌道に乗ることができたら、気をつけなければならないことが出てきます。

1つクイズを。

634ｍもある東京スカイツリー。さて、スカイツリーからどうしても見ることのできない東京の建造物とは？

答えは「東京スカイツリー」です。

「自分のことは自分には見えない」という例えです。

勘違いし始めていませんか？

献本を頂いたら、著者だけじゃなく出版社にも御礼メールを送っていますか？

そこからチャンスが広がる可能性があります。僕はそれで1社、出版が決まりました。


仕事がマンネリ化していませんか？

新しいことにチャレンジする気持ちを忘れていませんか？

僕は本書を出す直前の9月一杯で、3年続けた調布FM『伊藤賀一の社会科BLUES』を後進に譲り降板することにしました。次の仕事に向かうためです。


ホテルや旅館に泊まった時、心遣いに対する感謝を忘れていませんか？

ホテルメトロポリタンエドモントのSさんは、僕が日本経済新聞『それでも親子』の取材があった日、「朝刊はありませんか？」とたまたま聞いた僕の、その後の宿泊日すべてに夕刊・朝刊をドアノブにかける指示を、未だに出し続けてくれています。

新聞が付いているプランではないのに、本当にありがたいです。

僕は、西早稲田にマンションを借りていても、今日も飯田橋のエドモントホテルに泊まります。

仕事が途切れない、という状況は、このような「プロの仕事」が作り出すのです。

フリーランスとして**軌道に乗った後も、積極的にプロの仕事に触れて、我が身を振り返りたいものですね。**

おわりに……人は必ず間違える。倒れてもいい、どういう姿勢で起き上がるか

僕の本職は日本史講師です。歴史を学ぶと3つのことが分かる、と教えています。

①今、ここの常識は、唯一絶対のものではない、ということ。
②どんなに有名な偉人でも無名の人でも、人生は一度きりである、ということ。
③人は必ず間違える、ということ。

フリーランスの道は厳しいです。この先、これまでの常識は、諸外国の影響や時代の推移に飲み込まれ、たやすく変わってしまうかもしれません。

でも、たった一度の人生です。

失敗するかもしれません。

調子が悪い時は誰だってある。絶対あります。

いつも強いなんてことはありえません。

しかし、**たとえ倒れても、何度でも立ち上がる**という強さの見せ方もあると思っています。

立ち上がる時に、どういう姿勢で立ち上がるか、その「所作」にそれぞれの人生が詰まっているような気がします。


貴重な時間とお金を使ってお読み頂き、本当にありがとうございました。

30年間の独特の職業経験や、思い込みの激しい性格のせいで、主観がかなり入っています。もしかすると、不愉快な記述もあったかもしれません。

フリーランスの道を模索されている方々や、すでにその道に進まれている方々に、自分らしく、何かの「軸」を提示できればと思って書きました。

「正解の道などない、選んだ道を正解にしてゆくのだ」という言葉があります。

どうぞ、軽やかに、たくましく。

２０２０年９月

伊藤賀一

本書は青春新書インテリジェンスのために書き下ろされたものです

青春新書
INTELLIGENCE

こころ涌き立つ「知」の冒険

いまを生きる

"青春新書"は昭和三一年に――若い日に常にあなたの心の友として、その糧となり実になる多様な知恵が、生きる指標として勇気と力になり、すぐに役立つ――をモットーに創刊された。

そして昭和三八年、新しい時代の気運の中で、新書"プレイブックス"にその役目のバトンを渡した。「人生を自由自在に活動《プレイ》する」のキャッチコピーのもと――すべてのうっ積を吹きとばし、自由闊達な活動力を培養し、勇気と自信を生み出す最も楽しいシリーズ――となった。

いまや、私たちはバブル経済崩壊後の混沌とした価値観のただ中にいる。その価値観は常に未曾有の変貌を見せ、社会は少子高齢化し、地球規模の環境問題等は解決の兆しを見せない。私たちはあらゆる不安と懐疑に対峙している。

本シリーズ"青春新書インテリジェンス"はまさに、この時代の欲求によってプレイブックスから分化・刊行された。それは即ち、「心の中に自らの青春の輝きを失わない旺盛な知力、活力への欲求」に他ならない。応えるべきキャッチコピーは「こころ涌き立つ"知"の冒険」である。

予測のつかない時代にあって、一人ひとりの足元を照らし出すシリーズでありたいと願う。青春出版社は本年創業五〇周年を迎えた。これはひとえに長年に亘る多くの読者の熱いご支持の賜物である。社員一同深く感謝し、より一層世の中に希望と勇気の明るい光を放つ書籍を出版すべく、鋭意志すものである。

平成一七年　　刊行者　小澤源太郎

著者紹介

伊藤賀一〈いとう　がいち〉

1972年、京都生まれ。リクルート「スタディサプリ」で日本史・倫理・政治経済・現代社会・中学地理・中学歴史・中学公民の7科目を担当する「日本一生徒数の多い社会講師」。43歳で一般受験し、早稲田大学教育学部生涯教育学専修に在学中。法政大学文学部史学科卒業後、東進ハイスクールの最年少講師となる。30歳から教壇を一旦離れ、全国を住み込みで働き見聞を広める(20以上の職種を経験)。四国遍路を含む4年のブランクを経て秀英予備校で復帰。著書・監修書は『47都道府県の歴史と地理がわかる事典』(幻冬舎新書)、『「90秒スタディ」ですぐわかる！日本史速習講義』(PHP研究所)など累計55万部。辰巳法律研究所(司法試験予備校)・東急ホームクレール(シニア施設)・京急COTONOWA・池袋コミュニティカレッジ(学生・社会人向けスクール)等にも出講中。数々のTV・新聞などメディア出演、プロレスのリングアナウンサーやラジオパーソナリティーも務める。

会社《かいしゃ》を離《はな》れても
仕事《しごと》が途切《とぎ》れない7つのツボ

青春新書
INTELLIGENCE

2020年10月15日　第1刷

著者　伊《い》藤《とう》賀《が》一《いち》

発行者　小澤源太郎

責任編集　株式会社プライム涌光
電話　編集部　03(3203)2850

発行所　東京都新宿区若松町12番1号 〒162-0056　株式会社青春出版社
電話　営業部　03(3207)1916　振替番号　00190-7-98602

印刷・中央精版印刷　製本・ナショナル製本

ISBN978-4-413-04603-9